La République du Vietnam et les Ngô-Đình

5-7, rue de l'École-Polytechnique, 75005 Paris

www. harmattan.com
diffusion.harmattan@wanadoo.fr
harmattan1@wanadoo.fr

ISBN : 978-2-343-01614-6
EAN : 9782343016146

Ngô-Đình Quỳnh, Ngô-Đình Lệ Quyên († 2012),
Jacqueline Willemetz

La République du Vietnam et les Ngô-Đình

16 juin 1954 - 2 novembre 1963

L'Harmattan

Ce livre est dédié à la nation vietnamienne.

Introduction

A l'appui des Mémoires posthumes de Madame Ngô-Đình Nhu publiées en seconde partie de ce livre, nous avons décidé d'ouvrir nos archives familiales et de présenter, en cette première partie, l'essentiel de ce que tentèrent et réalisèrent les frères Ngô-Đình par amour pour leur pays, dans la fierté de son indépendance retrouvée.

C'est en effet à Ngô-Đình Diệm, secondé par son frère Nhu, que le destin confia la charge de fonder et de bâtir démocratiquement la République du Việt-Nam telle qu'elle fut promulguée le 26 octobre 1956 à Saigon.

L'Histoire retient qu'ils furent assassinés le 2 novembre 1963 alors qu'à la tête de leur pays ils s'efforçaient d'en finir avec les infiltrations communistes qui les harcelaient depuis le Nord Việt-Nam.

Le 2 novembre 2013, beaucoup de Vietnamiens et bien des sympathisants du monde entier commémoreront le cinquantième anniversaire de leur fin tragique.

Toutes ces années ont passé.

La vérité sur le Việt-Nam et les frères Ngô-Đình, qui lui ont sacrifié leur existence, n'a pas encore trouvé son espace. C'est donc avec une profonde gratitude que nous remercions les Editions L'harmattan de le lui ouvrir, enfin.

* * *

CHAPITRE 1

Les Ngô-Đình

Voici rassemblées quelques données fondamentales sur leur très ancienne famille.

L'ascendance des Ngô-Đình remonte jusqu'à Ngô-Quyền qui fut le premier empereur du Việt-Nam.

Au 1er siècle, en 939, après plusieurs succès militaires emportés contre la Chine aux prises avec de graves secousses intérieures, Ngô-Quyền fonde la première dynastie vietnamienne.

Son accession au pouvoir marque le début de l'indépendance de l'Annam. Il délaisse Hà-nội, ville fondée par les Chinois et s'installe à Co Loa, la capitale légendaire d'un royaume antérieur à la domination chinoise. Il unifie le pays en rassemblant la population de la Chine méridionale descendue au sud du pays pour fuir l'invasion mongole et les autochtones d'origine polynésienne et indonésienne.

Sa mort ouvre une période d'anarchie qui s'achève en 1010 lorsque Li Thaî Tho fonde la dynastie des Li.

La dynastie des Tran prendra la suite de 1225 à 1414. L'un d'eux, Tran Nhon Tôn se couvrira de gloire en tenant tête à Koubilaï Khan. En le faisant reculer, il stoppa net les invasions mongoles.

Après la dynastie des Tran, celle des Lệ restera sur le trône de 1428 à 1793.

Au 14ème siècle, la famille Ngô-Đình sera l'une des premières familles à se convertir au catholicisme après avoir reçu et médité l'enseignement d'un père missionnaire franciscain. Il s'agit du Père Odorico, natif de Pordenone en Italie. Envoyé comme missionnaire aux alentours de 1320, il parvint au Vietnam après avoir parcouru l'Orient, de l'Inde jusqu'à la Chine[1].

Les Ngô-Đình introduiront au Việt-Nam le culte de St Antoine de Padoue, un autre franciscain, auquel ils conserveront fidèlement leur dévotion.

Après une longue période de christianisation, l'interdiction de la pratique du Culte des Ancêtres promulguée par l'Eglise au XVIIIème siècle met fin à l'essor du christianisme et ouvre une ère de terribles persécutions[2]. En l'interprétant comme un culte idolâtre, l'Eglise commet une d'autant plus tragique erreur que le Culte des Ancêtres constitue le pilier de la tradition confucéenne[3].

Vers 1870, la famille Ngô-Đình paye son tribut du sang pour la Foi lorsque beaucoup de ses membres périssent dans l'incendie criminel perpétré dans leur église paroissiale, à Huế, ville impériale et ville natale des Ngô-Đình.

Par chance, Ngô-Đình Khả (1857-1923 ou 1850-1925) est au loin lorsqu'éclate cette tragédie. Ses parents l'ont envoyé poursuivre ses classes en Chine et en Malaisie. Ses études achevées, il revient au pays pour s'y marier et fonder à son tour sa famille. Il sera le père de Diệm et Nhu.

Après cette dure période de persécution, une partie des membres survivants de la famille Ngô-Đình fait le choix d'assurer

[1] Le père Odorico est né à Pordenone en Italie aux environs de 1286. On peut déduire du récit de ses voyages qu'il arrive en Inde peu après 1321 et qu'il passe environ trois ans en Extrême-Orient lors d'une période comprise entre le début de 1323 et la fin de 1328, date à laquelle il rentre en Italie. Il meurt dans le couvent des Franciscains à Udine, capitale du Frioul, le 14 janvier 1331. Il sera plus tard béatifié.

[2] Se reporter à l'Annexe 2 « L'Eglise et le Viêt-Nam. »

[3] La tradition veut que Confucius soit Chinois alors que les Vietnamiens le considèrent comme l'un des leurs. Cela vient de ce que Confucius est né dans les anciennes limites territoriales du Viêt-Nam.

sa survie en gardant seulement le nom de Ngô, plus répandu, et en renonçant à la terminaison Đình, qui signifie « rectitude ».

Seule une branche de la famille choisit de conserver l'intégralité de son nom.

Ngô-Đình est à ce jour un nom de famille très rare au Việt-Nam. Il est donc aisément identifiable.

Homme de belle intelligence, de vaste culture et de grande probité, Ngô-Đình Khả fonde une école privée avant d'entrer à la cour de Huế comme précepteur. Puis il devient ministre des cultes et enfin conseiller de l'empereur Than Thai à qui il restera toujours fidèle.

En Asie, le rôle du maître est tellement respecté qu'il précède même celui du père dans l'échelle hiérarchique.

Mandarin (fonctionnaire public) le plus haut gradé à la Cour de Huế, Ngô-Đình Khả se rebelle contre les colonialistes français lorsqu'en 1907 ils dépouillent l'empereur de son trône et l'exilent en Algérie où il finira ses jours.

Il donne sa démission et renonce ainsi à tous ses titres et revenus. De retour dans la maison de ses ancêtres, il y mène désormais une existence retirée et financièrement modeste.

Il se consacre à l'agriculture qu'il considère comme le fondement de l'édification humaine et s'attache à l'éducation de ses enfants et plus particulièrement de ses six fils. Il leur transmet son idéal d'indépendance nationale à travers une rigoureuse discipline de vie et un grand amour pour les lettres.

Demeuré chrétien de cœur et de vie, Ngô-Đình Khả n'a pas renié pour autant le Culte des Ancêtres qui constitue l'une des racines les plus profondes de la spiritualité vietnamienne.

Chaque année, il invite les non-catholiques de la cité à assister à la messe qui est dite en la mémoire des défunts de sa famille le troisième jour du Têt, cette grande fête asiatique qui célèbre le premier jour de l'an lunaire.

A la fin de cette solennelle cérémonie à laquelle participe tout le clan familial, il est d'usage d'offrir un grand banquet ouvert aussi à tous les pauvres du lieu.

Cette pratique familiale se vit en parfaite harmonie avec cette grande fête des morts dite messe des Défunts que l'Eglise a fixée une fois pour toutes dans son calendrier liturgique le 2 novembre, après la fête de la Toussaint traditionnellement célébrée le 1er novembre.

Cet exemple d'intégrité et de fidélité aux valeurs religieuses comme aux valeurs culturelles traditionnelles du Việt-Nam donné par un personnage aussi éminent et respecté que Ngô-Đình Khả témoigne que l'on peut être reconnu comme un authentique patriote tout en étant catholique.

Il n'en ira pas de même pour les coreligionnaires « collaborateurs » des colonialistes français. Dans le sud, l'ex-Cochinchine, beaucoup de catholiques vietnamiens se compromettent dans les affaires qu'ils mènent avec l'occupant. Les autochtones les surnomment, par mépris : « Da mihi terram » (ce qui veut dire : Donne-moi de la terre). En effet, sous prétexte qu'ils sont catholiques comme eux, les colonialistes français les privilégient en leur cédant ou en leur confiant les terres les plus fertiles du pays.

* * *

Les fils de Ngô-Đình Khả auront chacun un rôle à jouer dans l'émergence de l'indépendance de leur pays, au XXème siècle.

Après la guerre de 1914, l'opinion vietnamienne exprime sa volonté d'être davantage impliquée dans les affaires du pays. Albert Sarraut, nommé gouverneur général de l'Indochine en 1911, leur en avait donné l'espoir dans un des discours officiels qu'il avait prononcés en 1919.

Espoir sans lendemain.

C'est alors que survient la crise de 1929. Plongeant les pays occidentaux dans de graves difficultés économiques, sociales et politiques, elle ne leur permet plus de soutenir leurs colonies. Le Việt-Nam sombre dans une grande pauvreté. Des manifestations indépendantistes se développent de plus en plus. En 1931, est fondée la ligue du « Việt Minh » (Contraction de Việt-Nam Độc

Lập Đồng Minh signifiant : Ligue pour l'Indépendance du Việt-Nam). Elle rassemble plusieurs partis nationalistes. Le plus actif sera le parti communiste indochinois dont Nguyễn- Aí-Quốc (Hồ-Chí-Minh) est l'un des co-fondateurs en 1925.

C'est dans ce contexte agité que Ngô-Đình Khôi, le fils aîné de Ngô-Đình Khả, gouverne la province de Quang-Nam. A ce titre, avec son fils unique, Huan, il participe en août 1944 à une réunion politique tenue par les nationalistes communistes d' Hồ-Chí-Minh. Ni lui ni son fils n'en reviendra. Les communistes se sont emparés d'eux et les ont fait périr en les enterrant vivants. C'est bien des années plus tard que leurs pauvres restes pourront être recueillis.

* * *

Le deuxième fils, Ngô-Đình Thục, né le 6 octobre 1897, se sent appelé à consacrer sa vie à Dieu. Après ses années de formation au séminaire, il est ordonné prêtre. Le pape Pie XI le nomme évêque titulaire de Vinh Long en 1938. En 1960, Jean XXIII le nomme archevêque de Huế.

Primat de l'Eglise du Việt-Nam, c'est lui qui représente son pays lors du Concile œcuménique de Vatican II à Rome (1962-1965). Absent lors du coup d'Etat du 2 novembre 1963, Monseigneur Ngô-Đình Thục ne se consolera pas de la mort de ses frères ni de son absence à leurs côtés le jour fatidique. Après des années d'exil vécues en Italie, en France et en Espagne, il meurt aux Etats-Unis le 13 décembre 1984.

* * *

Ngô-Đình Diệm, né le 3 janvier 1901, est le troisième fils. Il fait de brillantes études à l'Ecole de Droit et d'Administration d'Hà-Nội. Il sort major de sa promotion en 1921. Il travaille à la bibliothèque impériale d'Hà-Nội avant d'entreprendre une carrière de fonctionnaire public, à l'instar de son frère aîné.

Malgré ses réserves quant à la cohabitation opérationnelle avec les autorités coloniales, sa famille le convainc de mettre à profit ses capacités exceptionnelles dans l'art de la gestion. Il reçoit plusieurs charges et responsabilités comme celle, entre autres, de superviseur d'environ soixante-dix villages aux alentours de Huế, avant d'assumer le rôle de gouverneur de l'importante province de Phan-Rang qui comprenait environ trois cents villages.

Pour circuler dans cette région à la topographie accidentée, Ngô-Đình Diệm se déplace à cheval ou à pied. Il acquiert une connaissance approfondie du monde rural dont il aime traiter et résoudre les problèmes pratiques en privilégiant le contact direct avec les paysans. Par la suite, lorsqu'il deviendra Président du Viêt-Nam, il aimera consacrer une partie importante de son temps à visiter les quarante provinces du pays.

Les ambassadeurs et autres dignitaires qui l'accompagneront dans ses visites qui durent de l'aube jusqu'à la nuit avancée donneront d'éloquents témoignages sur les rapports forts et respectueux de la population à son égard.

Sa bonne gouvernance de la province de Phan-Rang, qui s'applique aussi aux minorités ethniques et religieuses si foisonnantes, vaut à Diệm d'être choisi en 1933 à l'âge de 32 ans par Bảo-Đại[4], l'empereur en titre du Việt-Nam, pour devenir son ministre de l'Intérieur. Cette nomination de Diệm à un âge particulièrement jeune est prestigieuse car l'usage, en Asie, est de confier les postes importants à des personnes d'âge plus mûr.

Au bout de quelques mois, Diệm, indépendantiste convaincu, comprend que Bảo-Đại n'entend pas au fond s'affranchir de la tutelle française. Il lui remet sa démission et dénonce publiquement l'absence d'un réel pouvoir dans l'exercice de sa mission. Les autorités françaises, confrontées à cette opposition clairement affichée, le menacent d'arrestation et de déportation. Diệm est contraint de renoncer à toute vie publique. Homme de

---

[4] Bảo-Đại, né à Huế en 1913, avait succédé à son père l'empereur Khaĩ-Đình. La fonction impériale avait été reconduite par les Français.

grande foi, ascète par nature, il s'interroge sur une possible vocation religieuse.

En septembre 1945, un an après son frère aîné, il est capturé par les communistes et détenu pendant quelques mois dans les montagnes du Tonkin près de la frontière chinoise. Les conditions sont si dures qu'il tombe gravement malade et frôle la mort. C'est alors qu'Hồ-Chí-Minh, bien conscient de la valeur de Diệm, tente de le convaincre de s'associer avec lui dans leur lutte commune contre les Français. Malgré la pression subie, il refuse toute collaboration avec son interlocuteur. Il lui reproche l'assassinat de son frère bien aimé Ngô-Đình Khôi et de son neveu ainsi que toutes les calomnies que les communistes répandent sur sa famille.

– Suis-je un homme qui a peur ? dit-il à Hồ-Chí-Minh.

Sur ces mots, Ngô-Đình Diệm met fin à l'entretien. Le lendemain, il trouve les portes de sa geôle ouvertes devant lui. Il est libre.

Quelques années plus tard, Hồ-Chí-Minh reconnaîtra l'authentique et courageux patriotisme de celui qui deviendra le Président du Việt-Nam. Il l'attestera dans un colloque avec Ram Chundur Goburdhum, l'ambassadeur indien qui préside la commission de contrôle désignée par les Accords de Genève.

Sachant que sa vie est menacée, Diệm entreprend de fréquents voyages à l'étranger. Il séjourne en Asie, comme en Europe ou aux Etats-Unis et veille à garder le contact avec les Vietnamiens qu'il rencontre. Il tisse ainsi, et plus particulièrement au Japon, tout un réseau actif de compatriotes anticolonialistes comme lui.

Il s'arrête à Rome pour l'année sainte, en 1950, et part pour la Belgique. Puis, il arrive aux Etats-Unis où il séjourne longuement dans un séminaire à Lakewood, dans le New Jersey. Il mène de front des études d'histoire, de théologie et de philosophie et se tient toujours disponible pour recevoir les personnalités qui cherchent à le rencontrer.

* * *

Ngô-Đình Nhu, né à Huế le 7 octobre 1910, est le quatrième fils de Ngô-Đình Khả. Son père meurt alors qu'il n'est qu'un adolescent. Soucieux d'apprendre le latin, il se met en quête de prêtres qui puissent le lui enseigner. Il part pour la France, à Paris, dans les années 1930 afin d'étudier les Lettres à la faculté de la Sorbonne. Il intègre la prestigieuse Ecole des Chartes et obtient le diplôme d'Archiviste paléographe en 1938.

Les revues de cette époque soulignent qu'il est le premier Vietnamien à s'être consacré à une telle formation. A son retour au pays, il se verra offrir la direction des Archives impériales de Huế après avoir été le vice-directeur de la Bibliothèque d'Hà-Nội.

Historien et fin lettré, il a l'ardent désir d'écrire l'histoire de son pays en dehors de toute connotation coloniale. Il est contraint de renoncer à son projet lorsque les communistes, en 1946, détruisent la Bibliothèque impériale de Huế dans un incendie criminel qui prive à tout jamais le Việt-Nam de ses précieuses archives. A cette destruction des antiques parchemins, s'ajoute la navrante utilisation de ceux qui ont résisté à l'incendie. Les agresseurs s'en servent comme papier d'emballage. Cette terrible profanation, s'ajoutant aux autres exactions communistes, indigne Nhu au point de le décider à s'engager dans la résistance politique. Marié depuis peu et bientôt père, Nhu renonce à son foyer pour rejoindre le maquis des indépendantistes. Il y vivra dans la clandestinité pendant des années.

De 1946 à 1954, il se consacre à l'établissement d'un réseau de résistance qui doit permettre l'établissement d'un futur gouvernement indépendant et nationaliste lorsque les évènements s'y prêteront. Nhu développe ainsi une connaissance approfondie du terrain qui lui sera fort utile plus tard lorsqu'il mettra au point les « Hameaux stratégiques » dont il sera le créateur et le réalisateur.

***

Les deux plus jeunes frères, Ngô-Đình Cẩn et Ngô-Đình Luyện, auront aussi une fonction à assumer dans la future République.

Le premier sera responsable de la région du Centre tout en étant l'un des dirigeants du parti fondé par son frère Nhu « Travail et Dignité humaine ».

A Luyện, le dernier des six frères, sera confié le poste d'Ambassadeur itinérant du Việt-Nam en Europe. En mission hors de son pays lors du coup d'Etat, il sera avec Ngô-Đình Thục le seul frère survivant.

* * *

Trần-Lệ Xuân, la future épouse de Ngô-Đình Nhu, est née à Hà-Nội le 22 août 1924 d'une noble et riche famille qui l'initie aux Lettres, à la musique et à la danse.

Du côté maternel, elle descend de la dernière famille impériale, celle des Nguyễn fondée par Gia Long. Les empereurs Minh Mạng (1820-1840), Thiếu Trị (1840-1847) sont respectivement le grand-père et le père de l'empereur Tự Đức (1847-1883) dont la sœur aînée est l'arrière grand-mère maternelle de Trần-Lệ Xuân. Cette arrière grand-mère est de plus l'épouse du premier et unique Censeur impérial de l'histoire du Việt-Nam. De ce mariage naquirent les futurs empereurs Kien Phuoc, Hàm Nghi et Đồng Khánh.

Le père de Lệ Xuân, Trân-Văn Chương, est le fils aîné du gouverneur de la province de Nam Định, la plus importante province du Nord. Il devient un avocat réputé et sera souvent appelé à jouer un rôle important. En particulier lorsqu'il sera nommé ministre des Affaires étrangères par Bảo-Đại lors de la première tentative d'érection d'un état vietnamien indépendant en 1945. Il accepte ce poste de ministre des Affaires étrangères après avoir précédemment refusé la charge de chef de gouvernement que lui a présentée Bảo-Đại. Il s'était estimé trop jeune pour une telle fonction.

Sa famille aussi paye le tribut du sang lorsque son grand-oncle, Bùi-Quang-Chiêu, frère de sa grand-mère maternelle, est assassiné par les Việt Minh avec ses six fils dont le plus petit est à peine âgé de six ans.

De famille confucéenne et de mère bouddhiste, Lệ Xuân se convertit au catholicisme lorsqu'elle épouse Ngô-Đình Nhu le 30 avril 1943 à Hà-Nội. Après la cérémonie le jeune couple quitte le Nord pour s'installer à Huế. Pendant la deuxième guerre mondiale, Trần-Lệ Xuân, devenue désormais Madame Ngô-Đình Nhu, est contrainte par les communistes à quitter la maison de Huế. Déportée dans une zone qu'ils contrôlent, elle réussit à s'en échapper pour gagner Saigon en portant dans ses bras sa fille aînée de trois ans, Lệ Thuỷ.

De 1947 à 1954, elle vit à Đà Lạt où elle donne le jour à ses deux fils, Trác et Quỳnh. Elle apprend à découvrir le Centre et le Sud du pays après sa région natale du Nord. Elle y découvre les différents dialectes alors en usage dans ces régions.

* * *

C'est en 1954, après la défaite française de Điện-Biên-Phủ survenue le 7 mai, que vont alors converger trois existences, celle de Ngô-Đình Diệm et de son frère Nhu, accompagné de son épouse Lệ Xuân. L'union de leurs énergies soudées par le même patriotisme exigeant va marquer la naissance de la République du Việt-Nam et présider à son développement.

* * *

CHAPITRE 2

Naissance et développement de la République du Việt-Nam

« Việt-Nam Cộng Hoà »

Lors de la Conférence de Genève qui suit la défaite française de Điện-Biên-Phủ, l'empereur Bảo-Đại est incité, notamment par les Américains, à se doter d'une équipe qui lui permette de prendre en mains les affaires du pays. Le Việt-Nam écrit une nouvelle page de son histoire et il est important que cette équipe soit constituée d'hommes de valeur et reconnus pour tels. L'empereur se souvient de Ngô-Đình Diệm. S'il n'est guère apprécié des Français pour leur avoir résisté, les Américains voient au contraire en lui une personnalité qui saura justement leur en imposer et mettre fin au colonialisme auquel, par principe, les Américains sont opposés. Par ailleurs, il réside actuellement aux Etats-Unis et ils pensent bien connaître l'homme.

Les Français font contre mauvaise fortune bon cœur et ne doutent pas pour autant du loyalisme de Bảo-Đại à leur égard. Le 16 juin 1954, l'empereur nomme donc Ngô-Đình Diệm à la présidence du Conseil des Ministres. Son retour au Việt-Nam a lieu en juillet 1954, peu de temps avant la fin de la Conférence de Genève.

Bảo-Đại connait les compétences, la valeur et l'intégrité morale et patriotique de l'homme qu'il a ainsi nommé au plus haut poste. Elles le prédisposent à être un collaborateur de qualité dans un gouvernement qui doit représenter l'unité du pays dans la grave situation de crise qui suit la défaite française.

Ngô-Đình Diệm a accepté ce poste. Lui et son frère Nhu, ont été élevés dans l'amour de leur pays et de ses traditions selon l'adage : Quốc Gia hưng vong, Thất phu hữu trách, « Le Pays est en évolution ou en perdition selon la responsabilité de chacun ».

Nationalistes convaincus, Diệm souhaite que la nation soit indépendante avant tout, tandis que Nhu aspire à la réconciliation avec cet Occident dont il a apprécié la culture à travers les études érudites qu'il a menées en France, à la Sorbonne puis à l'Ecole des Chartes. Dans cet esprit de confiance qu'ils entretiennent à des degrés différents, ils espèrent bénéficier d'un dialogue constructif avec la France. N'a-t-elle pas rappelé ses idéaux humanistes dans le préambule de sa nouvelle constitution de 1946 qui fonde la IVème République ? Avec cette volonté affichée de liberté et d'ouverture qu'elle annonce à ses anciennes colonies, elle saura aider leur pays à construire son avenir et tournera définitivement la page d'un colonialisme révolu.

Après la signature des Accords de Genève le 21 juillet 1954, il leur apparut qu'en dépit des apparences la France ne favoriserait pas l'autonomie de ses colonies et ne les aiderait pas non plus franchement à en prendre le chemin. De fait, elle s'obstine à vouloir maintenir sa présence coûte que coûte quand bien même les peuples concernés se sont dotés, comme en l'occurrence le Việt-Nam, de chefs responsables ayant un haut niveau de formation. Cette myopie politique aura des conséquences tragiques. Désappointés, les frères Ngô-Đinh lui marqueront alors leur défiance. Si le Général de Gaulle, élu Président de la France en 1959, semble avoir opté pour une politique de neutralité quant à l'avenir de l'ex-Indochine, les Français restés sur place n'en ont cure. Leurs intérêts, bien en place, l'emportent sur les idéaux. Cet antagonisme ne laissera pas de répit au gouvernement vietnamien. Lorsque le drame sera consommé, l'avenir de ce pays sombrera progressivement dans la mémoire des Français.

Installé dans ses fonctions, Ngô-Đinh Diệm ne tarde pas à sentir la fausseté de sa position. Bloqué par les Français, il se voit peu soutenu par l'empereur qui continue de faire le jeu de leurs intérêts. Ce dernier semble même se désintéresser de l'avenir de son pays au point de vivre le plus souvent à Cannes dans la belle résidence que le gouvernement français a mis à sa disposition.

Après avoir analysé la situation, soucieux d'en sortir comme d'ancrer son pays dans une indépendance nationale réelle, Diệm décide d'en finir avec ce simulacre de gouvernement. Et, puisqu'il a reçu officiellement les « Pleins pouvoirs », il se tourne vers le peuple vietnamien. A lui de trancher. Il lui soumet un referendum pour qu'il choisisse, entre Bảo-Đại et lui, celui qui devra les conduire vers l'indépendance promise.

Le referendum a lieu le 23 octobre 1955 et Ngô-Đinh Diệm reçoit un immense soutien de ses compatriotes. Ils lui apportent 98% de leurs suffrages. La victoire est nette et sans appel. Les électeurs connaissent le nationalisme patriote de celui qu'ils ont choisi comme ils connaissent leur ex-empereur qui aime essentiellement jouir d'une vie paisible et calme, bien éloignée de celle que peut lui réserver son pays à peine sorti de la guerre.

Ngô-Đinh Diệm a maintenant les coudées plus franches pour mettre en place une République démocratique.

Les élections législatives du 4 mars 1956 permettent de désigner l'Assemblée constituante.

Le Président a besoin d'un bras droit de toute confiance, d'un patriote tout aussi résolu, honnête et courageux que lui. Cet autre lui-même qu'il cherche, il ne peut le trouver qu'en son propre frère, Nhu ! Il lui demande de devenir son conseiller. Tous deux vont s'atteler au puissant effort que demande l'essor de leur pays dans l'indépendance qu'il a conquise.

Mais auparavant, ils doivent faire face à de très graves dangers.

Les sectes religieuses et les Pirates des rivières, les Binh Xuyên, ont marqué leur hostilité.

Une lettre de Ngô-Đình Nhu à un de ses amis chartistes, datée du 20 avril (1956) montre toute la complexité du problème politique auquel doivent faire face les deux frères pris entre un colonialisme qui persiste à vouloir s'imposer et l'aide américaine apparemment plus désintéressée, mais inexpérimentée :

Ce 20 avril
Mon cher Benet,

Merci infiniment pour ta longue lettre du 8. C'est positivement étonnant cette unité de vue entre toi et moi sur tous les aspects du problème qui nous intéresse, que cela touche les réalités politiques ou les hommes qui y participent, y compris mes frères, M. Khiem ou tes compatriotes. C'est à croire que nous ne nous sommes pas quittés depuis 1949 et que nous travaillons côte à côte dans le même bureau sous l'inspiration bienveillante de ta Simone[5]*. C'est te dire combien je suis heureux de voir pareille communion d'idées et de sentiments entre toi et moi, séparés par des milliers de kilomètres. C'est vrai qu'après avoir surmonté la crise* **Hình**[6]*, nous nous apprêtons à démarrer avec l'affaire des sectes qui se présente on ne peut plus favorablement. Malheureusement nous sommes coincés entre l'incompréhension française et l'inexpérience américaine : une différence d'appréciation sur l'opportunité de briser d'une façon ferme et définitive l'obstacle féodal pour libérer ce pauvre peuple vietnamien et le rallier à nous. Depuis l'avènement du Président, la grande pensée du Pt est de briser les deux obstacles, cercles de fer qui séparaient le peuple vietnamien du*

---

[5] Prénom de la femme de M. Benet.

[6] Nguyễn-Văn Hình, Chef d'Etat-Major de l'Armée Sud-vietnamienne, homme de Bảo-Đại, refusait l'autorité du nouveau Gouvernement. Le Président fut dès lors contraint de lui ordonner de quitter le pays mais celui-ci ignora l'ordre reçu et alla même jusqu'à monter sur sa moto pour parcourir les rues de Saigon en agitant moqueur son avis d'expulsion. Cette insoumission manifeste ne pouvait que provoquer un choc sanglant entre l'armée (pro-française) qu'il commandait et les forces pro-Diemistes. Nguyễn-Văn Hình put être neutralisé sans combat fratricide, grâce à la pression du gouvernement américain qui intervint efficacement auprès du gouvernement français, lequel était contre Diem et favorisait les forces dissidentes. Sous la pression américaine, Bảo-Đai rappela son homme en France.

gouvernement … (mot illisible). *C'est l'armée nationale et « les sectes ». Nous avons gagné la première manche, nous espérons gagner la seconde, la belle sera alors les élections que nous sommes certains de gagner. Ajoute à cela le « Temps harcelant » qui ne nous permet pas de muser en chemin et de pratiquer la bonne vieille politique du compromis. L'heure est donc unique et décisive. Si nous ne réussissons pas à convaincre les responsables du Monde libre pour qu'ils nous aident à neutraliser les colonialistes qui soutiennent les féodaux contre le Gt national, nous irons droit à la catastrophe. Car le peuple vietnamien déçu définitivement nous abandonnera. Et le Monde asiatique que nous avons travaillé ces derniers mois et qui commençait à sympathiser avec nous, se détournera de nous, isolés alors en Asie et à la merci du Viet-Minh. Car il ne faut plus recommencer l'expérience de 1945-1954. Soutenus seulement par le camp occidental, nous sommes sûrs d'être battus par le communisme en Asie. Il faut avoir le concours du peuple vietnamien et la sympathie du Monde asiatique, pour que l'aide occidentale, dédouanée par la personnalité du Pt Ngô, puisse être utile, ayant reçu l'étiquette asiatique. Cette conception est bien comprise par les hommes intelligents et au courant des affaires d'ici, tels que M. M. Roux (aff. Etrangères) et Risterucci (Etats associés). Il faut travailler de manière à ce que des instructions en ce sens, qui sont …* (mot illisible)*, déjà prêtes, soient envoyées d'urgence à Saigon. Le général Ely est un honnête homme, malheureusement il est de nature inquiet et pessimiste (voir affaire Hinh = armée coupée en deux, guerre civile etc… si le Pt touche à Hinh…) Ce général est une espèce de Docteur Tant Pis, qui voit tout en noir, ou plutôt tout en rouge. Rappelle-toi les velléités des communistes qui cherchaient à créer un Etat autonome en France à l'époque de la Libération et que le Gt Français n'a pas hésité à étouffer dans le sang. Il faut sacrifier quelques uns pour le bien de tous.*

La France n'a pas eu jusqu'ici de politique en Indochine. C'est le moment où jamais d'en avoir une.

A Dieu, cher ami, et merci pour tes conseils et encouragements. Je reste toujours le même, sauf que mes cheveux commencent à blanchir et pour cause.[7]

[7] Lettre reproduite à l'Annexe 3.

Face aux armées des Sectes[8], celle dont le Président dispose est encadrée par des instructeurs français qui ne sont pas en sa faveur. Ils souhaitent le retour de la France et de l'empereur Bảo-Đại.

Ngô-Đình Diệm, avec une détermination tenace, affronte les périls qui entravent sa marche vers l'unité du pays. Il n'hésite pas à exposer sa vie autant qu'il est nécessaire. Un général énergique et expérimenté, Trình Minh Thế, va se rallier de façon décisive au Président légitime de la jeune République. Cet homme, anti-communiste et indépendantiste fervent, a acquis ses galons en servant dans l'armée japonaise. Il connait bien le nationalisme patriote du Président et veut le soutenir dans un combat qu'il mène à la victoire.

L'autre grave hostilité à vaincre réside en la présence à Saigon de ces « Pirates des Rivières[9] », les Bình-Xuyên, auxquels Bảo-Đại avait confié le mandat d'exercer la police locale à Saigon or ils terrorisent la ville au lieu d'en assurer la sécurité. Ils y pratiquent un racket éhonté car ils gèrent eux-mêmes les salles de jeux et les boites de nuit créées du temps des Français. La capitale du pays est ainsi mise en coupe réglée. L'insécurité y est si grande que Ngô-Đình Nhu est obligé de tenir sa famille, une femme et trois enfants en bas âge, barricadée dans une des pièces du palais. Les meurtres sévissent quotidiennement dans les rues de la capitale et le porte-parole du Président sera lui-même tué par les Pirates des

---

[8] La Secte Hoà Hao (environ 8.000 hommes) détenait les provinces de Long-Xuyên, Châu-Đốc, Cần-Thơ et Gia-Định et la Secte des Cao Dài (à peu près 16.000 hommes) détenait la province de Tây-Ninh.

[9] Les Bình-Xuyên étaient maîtres de Saigon, du Cap Saint-Jacques et des provinces de Gia-Dinh, Phuoc-Tuy.

Ils s'étaient ralliés à l'armée française pour l'aider dans sa lutte contre le Việt Minh. Ils voulaient maintenir l'anarchie pour conserver leurs privilèges à l'encontre du nouveau gouvernement. La plupart des Français de Saigon, militaires ou civils, ingénieurs, planteurs ou fonctionnaires, restés prisonniers de leur passé, alimenteront constamment les courants hostiles au gouvernement. Ils ne parviennent pas à comprendre le désir d'indépendance du Việt-Nam. Lorsque les Bình-Xuyên, contraints de se retirer de Saigon, opteront pour une stratégie de maquis.

rivières. Ils enverront au Président sa tête coupée en signe de défi. Il est urgent et vital de les mettre hors d'état de nuire.

Après avoir soumis les bandes armées des sectes Cao-Đàistes, Hoà-Hão, etc... Ngô-Đình Diệm s'affronte donc aux Bình-Xuyên.

Le 26 avril 1956, après d'ultimes difficultés avec cette police, Ngô-Đình Diệm demande à son chef, Bay-Vien, de lui présenter sa démission. Il s'y refuse sans l'ordre express de Bảo-Đại. Il ne reste plus qu'à le limoger. Deux jours plus tard, une bataille rangée éclate à Chợ lớn entre l'armée et les Bình-Xuyên qui ripostent en bombardant le palais présidentiel nouvellement baptisé « Dình-Độc-Lập » (Palais de l'Indépendance).

Le Président ordonne alors un assaut généralisé contre eux. Bien malheureusement pour la suite des évènements, c'est au cours de ce combat que Trình Minh Thế, ce général Cao-Đàiste de grande valeur, sera tué par derrière par l'un de ses hommes à la fin du combat. Certains attribueront ce coup bas au futur auteur du coup d'Etat de 1963, le Général Dương-Văn Minh qui, servant alors en second sous les ordres du général, recevra tous les honneurs de la victoire.

Au plus fort du combat, les services secrets américains se concertent avec l'armée vietnamienne tandis que les services secrets français entrent en relation avec les Bình-Xuyên et obtiennent qu'ils se retirent de Saigon. C'est un grand soulagement pour la population citadine qui subissait depuis longtemps leurs exactions mais leur existence demeure un poids pour le gouvernement car ils ont rejoint le camp des opposants dans le maquis.

Malgré le peu d'appui de la plupart des citadins qui se tenaient prudemment à l'écart avant de monter dans le char du vainqueur, le Président parvient ainsi à rétablir l'ordre et à débarrasser la capitale de ces bandits abusivement chargés de l'ordre public.

Selon la documentation officielle, le soutien américain de l'administration du Président Eisenhower n'avait été accordé que de façon hésitante au Président Ngô-Đình-Diệm. Elle attendait de vérifier sur le terrain sa capacité à sortir le pays du chaos où il était tombé depuis la chute de Điện-Biên-Phủ.

Ceux qui accuseront plus tard le gouvernement du Président Ngô-Đình Diệm d'être népotiste devraient avoir l'honnêteté intellectuelle de reconnaître qu'à l'époque ils furent bien rares ceux qui répondirent affirmativement à sa demande d'aide et de collaboration. Beaucoup de ceux qui aspiraient à prendre des responsabilités attendaient que la situation s'éclaircisse avant de s'y engager.

Le 27 septembre 1956, le Président obtient enfin le départ des derniers éléments du corps expéditionnaire français du général Ely. Ayant ainsi renforcé l'indépendance nationale, il peut se consacrer à la reconstruction de toutes les bases de l'administration du pays après un siècle de colonisation. Dans cette apparence de paix, il doit rester extrêmement attentif à ce qui se passe dans les campagnes où demeurent des poches d'insurrection là où les Việt-Minh communistes ont maintenu leur présence en violation flagrante des Accords de Genève. Les opposants français sont, quant à eux, davantage situés dans les villes.

Le 26 octobre 1956, un an après le referendum, la constitution est mise en vigueur et la République du Việt-Nam (RV) est promulguée.

Ngô-Đình Diệm est le fondateur légitime de cette République démocratique. C'est la fin de la monarchie impériale et la fin de la période coloniale. En évitant toute provocation afin de maintenir un dialogue ouvert, la République s'efforce de mettre en place cet ordre qui est celui d'un pays de droit. Elle doit s'extirper de la colonisation tout en étant tragiquement exposée de plein fouet à ce conflit mondial qui oppose dorénavant le colonialisme vieillissant au communisme émergent.

La domination française a causé une rupture dans le système confucéen qui accordait une importance cruciale aux études. Toutes les meilleures écoles ont été concentrées dans les villes alors que la campagne, où vit essentiellement la population, est délaissée et privée d'enseignants. Le Président s'emploie à remédier en priorité au grave analphabétisme qui en a résulté. Les lettrés, dans l'échelle hiérarchique, précèdent les agriculteurs, les soldats et les commerçants. Un grand investissement est entrepris pour ouvrir de nouvelles écoles, pour recruter et former des enseignants à envoyer dans les provinces les plus lointaines.

En 1900, l'administration française de l'Indochine avait mis fin à l'écriture en caractères vietnamiens (Chữ quốc nôm) et avait imposé les caractères latins (Chữ quốc ngữ). Cette réforme avait beaucoup désorienté les Vietnamiens. Pendant plusieurs décennies ils éprouvèrent des difficultés à retrouver leurs archives. La diminution du nombre de lettrés accentua une perte d'érudition dans l'éducation vietnamienne. La nouvelle génération reconnait maintenant les bienfaits de cette réforme qui l'a libérée des idéogrammes chinois et facilité son approche de tant d'autres langues.

Ngô-Đình-Diệm promeut une réforme agraire qui met fin aux grandes exploitations féodales dominantes. Les exploitations agricoles individuelles supérieures à cent hectares ne sont plus tolérées. Ces mesures lui enlèvent les sympathies de bien des notables y compris au sein des alliances de sa propre famille.

De nouvelles infrastructures sont mises en place. Celles qui ont été endommagées par la guerre entre les Français et le Việt Minh sont réparées peu à peu. L'entreprise est rendue d'autant plus titanesque que le pays subit des attaques permanentes de la part des communistes du Việt Minh. Si les membres de tendance indépendantiste ou royaliste ont quitté ce mouvement pour rejoindre la jeune République, les communistes, eux, sont restés dans ses rangs, ils en constitueront progressivement les seuls effectifs. Ils sont de mieux en mieux formés à mener une guerre de maquis de plus en plus difficile à appréhender. Des tracts subversifs sont distribués à la population et des actes terroristes d'une rare violence visent à neutraliser tout esprit de défense.

Des réalisations sont pourtant menées et réussies de façon indiscutable.

Bernard Newman, dans son ouvrage *Background to Vietnam* 131 publié en 1966, souligne que le Code du Travail y est d'un niveau relativement élevé pour cette partie du monde. Des syndicats ont été institués ainsi que des tribunaux d'arbitrage. La sécurité sociale commence à se développer. Les services de santé y sont les meilleurs de l'est asiatique.

C'est pourquoi le vice-président de l'administration américaine de l'époque, Lyndon B. Johnson, informé de ces performances, soulignera les mérites du Président Ngô-Đình Diệm. En mai 1961, il lui en rend hommage en l'appelant le nouveau Winston Churchill de l'Asie.

Beaucoup d'autres gouvernements en Asie iront jusqu'à le présenter comme l' « Homme du miracle vietnamien ».

Les professeurs John Norton Moore et Robert F. Turner de l'Université de droit de Virginie dans leur ouvrage *Legal and Policy Issues of the Indo-China War* citent quelques chiffres concrétisant les progrès accomplis dans la République de Việt-Nam de 1954 à 1959 :

Le nombre d'élèves passe de 400.000 à 1.243.918 dans les écoles primaires.

Il augmente de près de 400% dans les écoles secondaires.

Les inscriptions en université sont multipliées par 3.

Les dépenses de santé publique s'accroissent de 40%.

La production textile fait un bond de 325%.

Les exportations de riz progressent de plus de 500%.

* * *

Ngô-Đình Nhu contribue fortement, avec son frère, au bilan positif de la nouvelle République.

Député, conseiller politique du Président, il fonde un parti politique porteur des valeurs traditionnelles du Việt-Nam : le Cần Lao Nhân-Vị, qui signifie « Travail et Dignité humaine ». Pour les générations montantes, il crée un mouvement : le « Thanh Niên Cộng Hoà » qui se traduit par « Jeunesse républicaine ».

Sur ces deux axes de réflexion et d'action, il veut structurer l'élan nécessaire et propice aux réformes radicales que le gouvernement se doit d'entreprendre. Il va s'attacher à fournir à chaque village le personnel enseignant et médical qui lui est nécessaire. Ainsi, il redonne vie à la très ancienne tradition d'auto gouvernement des villages ruraux du Việt-Nam.

Près de son frère Président, dont il partagera la vie jusqu'à leur mort commune, Ngô-Đình Nhu incarne l'identité d'un pays à la recherche d'une voie de développement moderne dans le respect de ses traditions confucéennes. Etre confucéen, c'est mettre en cohérence ses paroles, ses actes et ses pensées dans le respect mutuel et se mettre au service des uns et des autres dans l'harmonie de ce qui constitue la vie humaine et son environnement naturel. Cette haute exigence se vit comme un devoir vis-à-vis de la communauté humaine. Cette voie qui est ouverte à chaque Homme pour son accomplissement, c'est le Nhân Đạo.

Avant la colonisation française, le système confucéen permettait une participation démocratique à l'administration du pays. Des concours triennaux publics, ouverts à chaque Vietnamien, permettaient à tout un chacun de manifester ses dons et d'être associé à la bonne marche du pays selon ses mérites.

Celui qui réussissait ses examens, très sélectifs, devenait un mandarin et pouvait aspirer à épouser une jeune noble de la Cour de Huế. Le caractère exceptionnel de ce processus, ouvert et méritocratique, n'avait pas échappé à l'Occident.

L'attention portée aux racines confucéennes contenue dans la Nhân Vị, cette référence à la Dignité humaine dont Ngô-Đình-Nhu se fait le promoteur dans le cadre de son action politique, permet au gouvernement d'être compris et respecté par la population rurale qui sort d'un siècle de colonisation et qui a grandement souffert de la guerre que les Français et le Việt Minh se sont menés de 1946 à 1954. C'est Ngô-Đình Nhu qui a souhaité et obtenu que le préambule de la Constitution se réfère à cet humanisme spirituel auquel il aspire pour son pays et c'est dans cet esprit qu'il a créé le parti « Travail et Dignité humaine ».

Il instituera aussi un autre parti qu'il appellera « Révolution pour l'Administration nationale » auquel il donnera pour mission de promouvoir et former un corps administratif formé à la vietnamienne et non plus à la française. Cette formation spécifiquement vietnamienne, conçue sur un mode martial, veut aider chacun à prendre en main son poste et à lutter contre ces trois obstacles majeurs que sont le Retard, l'Isolement et le Communisme.

Il s'agit d'adapter la vie communautaire aux valeurs humaines ancestrales. La bonne entente mutuelle est la meilleure antidote au communisme qui finira par disparaître. Ce sera alors la fin des hostilités.

La Nhân-Vị, ce chemin de transcendance sur lequel les deux frères Ngô-Đình souhaitent engager la République vietnamienne dont ils sont responsables, se déploie sur plusieurs dimensions :

– Une dimension spirituelle.

Pour les deux frères, le capitalisme est un matérialisme aussi athée que le communisme. L'homme ne peut pas s'en satisfaire car il n'est pas seulement matière mais esprit. Transcendant, il ne peut pas s'accomplir à travers les seules satisfactions matérielles. La dignité évolue sans cesse en son espace/temps et constitue le centre et le but de la Nhân-Vị, sagesse qui montre à l'homme sa voie, le Nhân Đạo. Orientant sa façon d'agir, elle transcende l'être vers son Créateur, par la recherche de son épanouissement dans le bien, à travers l'amour et la compréhension de son prochain.

– Une dimension sociale.

Le reniement de la famille prêché par le communisme est une perfidie cruelle et machiavélique destinée à exposer l'homme nu et désarmé devant la machine totalitaire communiste afin que cette machine en fasse complètement sa créature. La première protection de l'homme est sa famille et elle doit être saine, heureuse et prospère car la nation tout entière dépend de l'état de cette cellule de base.

– Une dimension politique.

La Nhân-Vị garantit à l'individu toutes les dimensions que comporte cette Voie de l'Homme qui est le Nhân Đạo avec les libertés qui sont requises.

– Une dimension économique.

Le travail communautaire est une solution pour la production des biens utiles au pays. Mais l'homme n'a pas à travailler comme une bête de somme et le travail qu'il produit dans cet effort communautaire doit être le profit immédiat du travailleur et non pas confisqué par un état dominateur. C'est ce que veut instituer ce Mouvement créé par Nhu « Travail et Dignité humaine ».

Des commentateurs peu avisés ou malveillants, se refusant à l'effort de comprendre ce chemin de vie d'aspiration élevée, travestiront cette quête, cette exigence profonde en évoquant une philosophie dite du « personnalisme ». Caricature réductrice et bien superficielle derrière laquelle ils tenteront de faire disparaître la pensée des deux frères.

La recherche de solutions fondées sur des racines culturelles authentiques, une politique ouverte sur une large perspective humaine sont donc les caractéristiques essentielles de l'action de Ngô-Đình Nhu. Il est très préoccupé de ce qu'il appelle le « sous-développement intellectuel » du pays, pour lui encore plus grave que le sous-développement économique.

Ngô-Đình Diệm et son frère s'attachent à fournir à leurs concitoyens une réelle amélioration de leur existence, autant sur le plan spirituel par la Nhân-Vị que sur le plan intellectuel et matériel. Les progrès économiques dont va bénéficier le sud, naturellement plus riche que le nord, offrent un singulier contraste à la misère qui règne au nord du pays, encore aggravée par une longue famine qui fera des milliers de victimes. Les dirigeants politiques du Việt-Nam nord, fanatisés par leur idéologie communiste, n'ont cure des misères de leurs compatriotes. Pour motiver leurs hommes à continuer la lutte, les autorités communistes ont recours au mensonge. Elles leur présentent un tableau tellement faussé de la situation au Việt-Nam sud que leur surprise est extrême lorsqu'ils découvrent la réalité d'une situation bien supérieure à la leur. Se sentant trompés et manipulés, beaucoup choisiront la désertion malgré l'avertissement reçu qu'ils seront fusillés sur le champ s'ils retournent chez eux.

Quant à la guerre menée par le Việt-Nam sud contre le nord avec le puissant soutien financier et logistique des U.S.A., les outils surmultipliés et sophistiqués mis à sa disposition vont s'avérer de jour en jour inopérants face à la guerre de guérilla conduite par les communistes.

Les Américains, qui ne savent pas intégrer cette guérilla dans leur tactique militaire, veulent encore intensifier leurs forces de frappe au contraire de Nhu qui s'est appliqué à analyser ce mode de combat pour mieux y ajuster sa dynamique de résistance et d'offensive. Il met au point une réponse inédite, celle des « Hameaux stratégiques » dont il est le créateur et le réalisateur. Il s'agit de s'appuyer sur les innombrables villages qui parsèment la campagne et de leur donner les moyens de se protéger des attaques dirigées contre eux.

Les principales victimes ciblées par l'ennemi sont les chefs des villages, les enseignants, les médecins-infirmiers envoyés par le gouvernement. Ils sont le plus souvent massacrés de façon cruelle. La population terrorisée est à ce point réduite à merci qu'elle n'ose pas toujours appeler l'armée à son secours.

Nhu responsabilise et forme les paysans à la défense de leur espace. Il leur fournit les armes de première résistance. Lorsque l'attaque survient, ils peuvent se défendre en attendant l'arrivée par hélicoptères des forces spéciales. L'armée devient bien plus mobile et efficace sur le terrain qu'une armée conventionnelle. Nhu met en place cette vaste mobilisation nationale que même un esprit simple peut comprendre et appliquer.

Les paysans armés vivent dans un espace désormais protégé, entouré par un fossé et un rideau de bambous élevé par les habitants eux-mêmes. Ce système des « Hameaux stratégiques » qui allie auto-surveillance et auto-défense les protège des actions terroristes ponctuelles qui s'acharnaient sur leurs petites localités isolées qu'ils n'arrivaient pas à défendre. Il rend leur moral à des populations qui ne sont plus seules face à la terreur que veulent propager les commandos communistes. Ces commandos, contrés dans leurs opérations, ont de plus en plus de difficultés à se nourrir sur place. C'est la façon opérationnelle et efficace d'enlever « l'eau aux poissons » pour reprendre l'expression de Mao Tsé Toung. Découragement et désertion vont s'amplifier chez l'adversaire car il lui est vital de trouver sur place, dans les villages du Viêt-Nam sud, la nourriture dont il a besoin. Le Viêt-Nam nord, très pauvre, ne peut pas la lui donner.

Avec les « Hameaux stratégiques », la guerre était en passe d'être gagnée. Ngô-Đình Nhu le savait. A ses amis chartistes qui s'inquiétaient de lui et du Việt-Nam, il avait écrit qu'il pensait gagner bientôt « cette sale guerre ».

La lettre inédite que nous publions ci-dessous a été envoyée peu après le Tết 1962 par la valise diplomatique. Elle ne porte pas le cachet ni la date de la poste[10] :

« Chère Amie,

Je vous ai envoyé une belle carte de Noël et une du **Tết** *aussi, à vous et aux autres camarades qui avez bien voulu penser à moi. Probablement nos services ont « trop bien mangé le* **Tết** *» et ils les ont égarées.*

Pour la 1ère fois depuis plusieurs années, nous avons pu fêter le **Tết** *d'une façon convenable : grâce aux progrès que nous avons pu réaliser sur les communistes dans tous les domaines.*

Je suis devenu à la fois le père et la nurse des « Hameaux stratégiques » un système que j'ai inventé pour résoudre le casse-tête chinois actuel, je veux

---

10 Lettre reproduite à l'Annexe 3, à la fin de ce livre. L'original est conservé à l'Ecole des Chartes, à Paris

dire le problème démocratie-sous développement. Grâce à ce système nous penser (sic) gagner bientôt cette sale guerre.

Et vous, ne ronchonnez plus. Vous avez fait des choses formidables chez vous. Vous avez fait une nouvelle révolution dont les conséquences seront immenses, dans le monde qui vient. Notre mission parlementaire chez vous a, parait-il, contribué à briser l'iceberg qui sépare nos deux peuples.

Je m'excuse de vous écrire avec de l'encre rouge, c'est ce que j'ai sous la main. D'ailleurs c'est la couleur faste. Puisse-t-elle symboliser l'avenir des nouvelles relations entre nos deux pays.

A Dieu, portez-vous bien »

De fait, les observateurs américains souligneront eux-mêmes au cours du printemps et de l'été 1962 que la guerre a pris un tournant favorable grâce au développement du programme des « Hameaux stratégiques »

Les Forces spéciales coordonnées par Nhu infligent des pertes sévères à l'ennemi.

Le 23 juillet 1962, le jour même de la signature du traité de paix laotien à Genève, le Secrétaire à la Défense, Mr McNamara, donne l'ordre d'établir un plan de désengagement américain du Việt-Nam ainsi que des projets à long terme de réduction de l'aide financière au gouvernement de Saigon[11].

Dans cette position de force avantageuse, des contacts sont pris en secret auprès du Việt-Nam nord en vue de mettre en place un processus de paix qui épargne les vies humaines. Ngô-Đình Nhu est le promoteur et le responsable de cette tentative de rapprochement. Hồ-Chí-Minh a lui-même donné un signe encourageant lorsque pour la fête du Tết il a adressé une symbolique branche de cerisier en fleurs à Ngô-Đình Diệm. Nhu propose même d'organiser un voyage dans le nord pour que ses fils adolescents découvrent cette partie du Việt-Nam qu'ils ne connaissent pas.

La gestion de la guerre est à ce point positive que l'Administration Kennedy veut s'en approprier tout le mérite et

[11] Cf. le « Dossier du Pentagone », édité par Albin Michel en 1971

en accélérer le résultat. Elle a besoin d'un bénéfice personnel après l'échec de la « baie des cochons » et la construction du mur de Berlin.

De fortes pressions sont exercées sur le Président Ngô-Đình Diệm pour qu'il accepte d'augmenter le nombre des conseillers américains. Avec 16.000 hommes, l'Amérique pense obtenir une visibilité optimum sur la guerre. Le Président vietnamien montre sa réticence. On lui demande alors de bien vouloir éloigner du pays son conseiller, Nhu, jugé trop indépendant. Face à son refus, l'administration américaine réduit son aide financière à son allié pourtant en plein effort de guerre. Cette mesure frappe de plein fouet le financement des Forces spéciales attachées aux hameaux stratégiques. Elle suspend les aides alimentaires telles que le lait en poudre que les américains ont introduit eux-mêmes au Việt-Nam pour les enfants. Ces mesures ont pour but de retourner le peuple contre son gouvernement. Kennedy en arrive même à se prononcer en faveur d'un changement de politique et de « personnel » au Việt-Nam. Jugement et ingérence politique qui jettent un fort discrédit sur le Président Ngô-Đình. L'Occident n'a d'yeux que pour les Américains depuis qu'ils sont intervenus pour mettre un terme victorieux à la seconde guerre mondiale et se fie à leur analyse.

Le 3 décembre 1962, Roger Hilsman, directeur du Bureau de Renseignements et Recherches du département d'Etat, adresse au secrétaire d'Etat un mémorandum intitulé *La situation et les perspectives à court terme au Vietnam*. Il constate[12] :

« Le gouvernement du Vietnam a donné priorité à l'application d'une conception stratégique fondamentale basée sur le hameau stratégique et à des programmes de pacification systématique. Il a davantage accordé son attention aux mesures politiques, économiques et sociales de contre-insurrection et leur coordination avec les mesures purement militaires. Les forces militaires et de sécurité vietnamiennes – maintenant augmentées

[12] Extrait tiré du « Dossier du Pentagone »

et de meilleure qualité – ont l'esprit nettement plus tourné vers l'offensive et leurs moyens tactiques de contre-guérilla sont grandement améliorés. Le contrôle efficace de la campagne par le gouvernement du Vietnam a été légèrement étendu. Dans certaines régions où la sécurité a été rétablie l'attitude des paysans envers le gouvernement parait aussi s'être améliorée.»

Ce mémorandum précise toutefois : « L'influence du Vietcong a presque certainement augmenté dans les région urbaines, non seulement par la subversion et le terrorisme, mais aussi à cause de l'attrait de sa propagande pour les éléments hostiles à Diem… Il est aussi à noter que d'importantes personnalités officielles, tant militaires que civiles, et dissidents en dehors du gouvernement paraissent être de plus en plus réceptifs aux sentiments neutralistes, pro-communistes, et peut-être même anti-américains. Ils ont apparemment une foi grandissante dans les activités clandestines… On doit aussi s'attendre à ce que Hanoi accentue ses efforts pour légitimer son « Front National pour la Libération du Sud-Vietnam »… Si les conditions de sécurité continuent de s'améliorer, Diem devrait pouvoir apaiser l'inquiétude et relever le moral parmi les fonctionnaires et les militaires. »

Le mémorandum évoque la possibilité d'un coup d'Etat : « La dislocation de la conduite du gouvernement, à la suite d'un coup, arrêterait probablement et peut-être même renverserait l'élan de l'effort de contre-insurrection du gouvernement. Le rôle des Etats-Unis pourrait être extrêmement important en réactivant cet élan tout en évitant l'extension des bagarres et combats ainsi qu'une sérieuse lutte intestine pour le pouvoir. »

(Doit-on en déduire un encouragement à mener ce coup d'état ?)

Quoiqu'il en soit, ce mémorandum a au moins le mérite de montrer les efforts et les progrès du gouvernement vietnamien dans sa lutte contre les communistes tout en indiquant à quel point il est assailli constamment par les actions terroristes et subversives menées depuis Hà-Nội mais aussi par des querelles intestines pour le pouvoir.

Dans l'élan de la lutte anti-terroriste que mène le pays, Nhu s'attèle à déjouer la lutte subversive que l'ennemi mène sur le terrain. Il dénonce la connotation idéologique du Việt Minh et lui enlève ce lustre « de lutte anticoloniale » dont il se pare abusivement pour entraîner à sa suite et séduire les Vietnamiens du sud. Ngô- Đình-Nhu n'hésite plus à désigner clairement sous le nom de Việt Cọng ceux qui se faisaient appeler Việt Minh. La connotation communiste est dorénavant clairement indiquée sous le vocable de « Cọng ». L'ennemi est pour ainsi dire démasqué. Cette appellation « Việt Cọng » est entrée dans le langage commun.

Enfin, conscient que l'action militaire doit être liée à l'action politique, Nhu promeut, en avril 1963, la politique du Chiêu Hồi, dite des « Bras ouverts ».

En faisant savoir qu'il accueillera tous les déserteurs vietcongs comme des frères égarés revenant au foyer paternel, Nhu offre une large amnistie. En certaines circonstances, il donne même l'ordre aux militaires de ne pas tuer les ennemis, de ne détruire que leur logistique et de leur laisser une voie de fuite pour qu'ils puissent être les messagers d'un accord possible entre frères vietnamiens.

Le gouvernement pour se faire mieux comprendre évoque dans ses discours et ses instructions le mot Dông Bào (qui se traduit par « même poche ») afin de signifier aux Vietnamiens que chacun est né de la même mère. Une légende dit que le Việt-Nam est né d'une mère déesse qui accoucha d'une poche qui contenait cent œufs. Ces œufs, à leur éclosion, donnèrent naissance aux cent premiers Vietnamiens. Le mot Dông Bào exprime profondément cette fraternité entre compatriotes et bien mieux que le vocable concitoyen ou camarade utilisé par le Việt Cọng. Ces orientations qui se fondent sur la fraternité humaine sont peu comprises par les conseillers militaires américains qui préfèrent compter des morts parmi les ennemis. Pourtant elles s'avèrent efficaces. Le courant des désertions monte sans cesse. En quelques mois on en compte jusqu'à dix mille. La plupart de ces déserteurs arrivent affamés, découragés, misérables. Ils reconnaissent qu'il leur est devenu quasiment impossible de s'emparer des réserves alimentaires de la population à cause des hameaux stratégiques. La vie aventureuse dans le maquis est devenue insupportable.

Ces désertions s'avéreront très précieuses et riches d'information sur le mode de recrutement et de terrorisme activé par les communistes.

Le secrétaire à la Défense des Etats-Unis, Mr Mac-Namara, rapporte également qu'au début du mois d'octobre 1963, la situation des forces loyales s'est singulièrement améliorée. Le général Harkins, commandant en chef des Forces américaines au Việt-Nam, souligne que l'esprit combatif de l'armée progresse tous les jours[13].

A la mort de Ngô-Đình Nhu, huit mille villages sur les douze mille programmés avaient été stratégiquement renforcés. Ce fut la réponse la plus efficace aux milliers d'assassinats et de rapts de jeunes que provoquaient chaque année les infiltrations vietcongs dans ces villages, à la campagne, où vivaient quatre-vingt pour cent de la population qui était alors de quatorze millions d'habitants au Việt-Nam sud.

Lorsque les U.S.A. feront disparaître Nhu, ils ne seront pas capables de poursuivre la stratégie des « Hameaux stratégiques » trop éloignée de leur culture militaire. L'armée engagera plus de cinq cent mille Américains, elle investira des moyens de plus en plus lourds et vains pour une guerre effroyable qui se soldera par une totale défaite douze années plus tard.

* * *

Madame Ngô-Đình Nhu participe à la politique conduite par le gouvernement pour l'essor de la République du Việt-Nam.

---

13 Cf. « Việt-Nam, révélations d'un témoin » de Suzanne Labin, aux Nouvelles Editions Latines, Paris, 1964.

Elue député, elle est aussi le chef du mouvement qu'elle a fondé, le Phong Trào Phụ Nử Liên Đới », le « Mouvement de Solidarité de la Femme ». Par ce mouvement qui repose sur le volontariat des femmes, une importante œuvre sociale va voir le jour et rapidement se développer. Des cantines, des logements et des ateliers professionnels vont se multiplier et permettront d'accueillir et d'intégrer ces réfugiés venus en masse du Việt-Nam nord en 1954 et qui ont tout perdu. La plupart sont catholiques. Ils ont quitté la terre de leurs ancêtres au moment de la division du pays de chaque côté du 17ème parallèle lorsque les Accords de Genève assigneront la partie nord du pays au gouvernement d'Hồ-Chí-Minh.

S'ils furent près d'un million à venir du nord au sud, ils ne furent que quelques milliers de partisans communistes à faire le chemin inverse et à quitter le sud pour le nord. C'est le constat que firent sur place les observateurs étrangers. Ces chiffres proclament « avec les pieds » que le gouvernement du Président Ngô-Đình Diệm était déjà manifestement plus attractif que celui d' Hồ-Chí-Minh.

Une arrivée aussi massive n'avait pas du tout été prévue. Les forces françaises, encore dans le pays, avait estimé que la partition du pays ne provoquerait qu'une vague de l'ordre de deux cent mille réfugiés.

Faute de logement, les familles sont dirigées tout d'abord vers de grosses canalisations de ciment ouvertes de chaque côté, sorte d'égouts qui les protègent au moins de la pluie et du soleil. Le problème émergent de l'arrivée massive de cette population de réfugiés sera résolu en quelques années. Il aurait pu anéantir des pays plus structurés que le Việt-Nam et constituer un problème insurmontable à son développement.

Le « Mouvement de Solidarité » adopte comme emblème la lampe à huile des vierges sages de l'Evangile. Il construit son œuvre et supplée aux carences d'un état à peine né et qui ne dispose pas des services sociaux habituels. Avec ingéniosité et clairvoyance, les femmes du mouvement mettent sur pied toutes sortes d'aides et de services. Elles interviennent d'une façon concrète et réaliste auprès des plus démunis, des orphelins, des victimes de la guerre et des handicapés. Elles ouvrent des dispensaires et des centres d'accueil pour les enfants.

Madame Ngô-Đình Nhu met toute son énergie à mobiliser et soutenir le volontariat des femmes. Elle fait appel à un esprit de reconstruction patriotique extrêmement bien perçu par la population. Un grand nombre d'initiatives sont menées sans le secours de l'argent public. L'interventionnisme d'Etat n'a pas de racine au Việt-Nam alors que la disponibilité individuelle et privée puise ses forces dans la culture confucéenne qui donne beaucoup de relief à l'engagement personnel par rapport à la communauté.

A titre d'exemple, on peut citer ces restaurants populaires qui sont ouverts à tous, y compris aux députés. Des quotas de participation financière sont fixés selon les possibilités de chacun et les restaurants arrivent à se subvenir à eux-mêmes. Les visites domiciliaires des volontaires ont lieu régulièrement pour parer aux nécessités des plus indigents et recenser sur place les besoins qui se font sentir. Toute cette organisation permet une coresponsabilité du bien public que seule une presse étrangère ridiculement malveillante qualifiera d' « espionnage de la part des réseaux de Madame Ngô-Đình Nhu ».

La participation d'environ deux millions de femmes de tout rang social fut vraiment exceptionnelle. Ces femmes se sentirent appelées pour la première fois à devenir acteur dans une population où elles étaient naturellement majoritaires mais où elles restaient confinées dans un contexte familial et social qui ne leur laissait aucune responsabilité publique.

Madame Ngô-Đình Nhu lance également le mouvement paramilitaire des femmes fondé, lui aussi, sur le volontariat. Il offre ainsi chaque année à environ cent mille jeunes filles un entraînement structuré qui leur apprend l'auto-défense personnelle avec l'usage des armes. A cela s'ajoute une formation médicale qui leur enseigne les premiers soins à donner.

Il n'est pas prévu de recourir à elles sur le front mais on veut garantir une capacité de mobilisation complémentaire en cas de nécessité. Il s'agit d'une participation active des volontés face à une guerre subversive qu'il n'est pas possible de gagner sans une prise de conscience individuelle avant même qu'elle soit collective.

Pour montrer l'exemple, sa fille aînée, Lệ Thuỷ, s'enrôle dès l'âge de seize ans dans le mouvement. Elle démontre ses capacités de tireur d'élite dans les parades nationales et sort major de sa promotion. A juste raison, Madame Ngô-Đình Nhu considérait que la connaissance du maniement des armes et leur concentration dans les seules mains de l'armée pouvaient l'inciter à se prendre pour son propre chef au risque de devenir un élément déstabilisant.

A la mort du Président Ngô-Đình Diệm, c'est exactement ce qui arrivera au Việt-Nam. Le pays n'aura d'autre alternative que de subir les conflits dramatiques que se livreront entre eux les généraux.

Un autre apport de Madame Ngô-Đình Nhu doit être expressément rappelé et souligné. C'est l'émancipation juridique de la femme vietnamienne. Cet objectif lui est à ce point primordial qu'elle rédige elle-même le Code de la famille avec l'aide d'un collège de juristes et d'experts.

Elle le présente dès 1958 à l'approbation de l'Assemblée législative qui l'adopte. Pour la première fois, le principe d'égalité entre l'homme et la femme est légiféré de façon détaillée. La femme devient sujet de droit et bénéficie d'une parité totale avec son époux dans la gestion du patrimoine familial. Elle reçoit sa pleine place dans le rang successoral. Jusqu'alors, malgré la constitution du 26 octobre 1956 qui proclamait sa dignité à l'égal de l'homme, la femme était encore soumise à son mari qui avait sur elle un rôle de tuteur.

Dans le nouveau Code de la famille, la polygamie, encore en usage dans les familles riches, est abolie. La famille légitime née du mariage est défendue avec force dans un pays qui tolère encore la coutume des concubines. Jusqu'alors, en cas de divorce même prononcé sans faute de la femme, celle-ci pouvait être exclue de la famille et perdre tout droit au patrimoine. La femme vietnamienne était donc réduite au rôle de « mineure incapable ».

Cette condition de la femme indignait profondément Madame Ngô-Đình Nhu. Elle accélère donc la rédaction du Code de la famille sans attendre que soit menée à bien la refonte générale du Code civil qui doit unifier les différentes législations qui ont cours dans les trois grandes parties du Việt-Nam, le Nord, le Centre et le Sud.

Le Président de la République du Việt-Nam est célibataire, c'est donc à elle qu'il demande de tenir le rôle de Première Dame pour recevoir les représentants des Etats.

De 1958 à 1963, à l'occasion des visites officielles des délégations étrangères, Madame Ngô-Đình Nhu n'hésite pas à évoquer ce Code de la Famille auprès des pays en voie de développement qui n'ont pas encore eu le souci de promouvoir la dignité de la femme. Elle insistera de la même façon lorsqu'elle représentera son pays au cours de ses quatre tours du monde. Chaque fois que c'est à sa portée, elle défend donc l'émancipation de la femme et le rôle de la famille. Ces lignes de force qui lui paraissent fondatrices et nécessaires la mobilisent tout autant pour son pays que la lutte contre le communisme.

Elle fut une des premières femmes à avoir un permis de conduire dans un pays où encore peu de voitures circulaient et elle eut à cœur de donner aux autres femmes la possibilité d'être au volant de leur propre destin.

* * *

Des revues et des reportages photographiques réalisés au Việt-Nam au début des années soixante témoignent du progrès économique et social accompli lorsque Ngô-Đình Diệm était à la tête du pays.

Sur le plan militaire, la lettre inédite de son frère Nhu que nous avons reproduite plus haut et qui est publiée en annexe, révèle que la « sale guerre » contre le vietcong est sur le point d'être gagnée grâce à la réussite des « Hameaux stratégiques » Les rapports de l'administration américaine que nous avons cités témoignent que ce pays, en plein effort, est en train de se rapprocher de ses objectifs. Ces progrès indéniables acquis grâce à l'énergie de tout un peuple confiant dans ses dirigeants vont être balayés d'un revers de main. Dans un geste d'une irresponsabilité effarante qui ne s'est assurée d'aucune solution de rechange et d'avenir, comme les évènements le démontreront, l'administration américaine va broyer tout ce qui a été réalisé. Elle décide d'abattre le Président Ngô-Đình Diệm ainsi que Nhu, son frère et conseiller.

Ce n'est pas du peuple vietnamien, attaché à ses dirigeants, que sortira le complot, mais de généraux ambitieux qui veulent le pouvoir pour eux-mêmes alors qu'ils se montreront incapables de l'exercer. Sensibles aux honneurs comme à l'argent, manipulés par les Américains mais aussi par des espions việt cọng bien camouflés, ils seront de simples pions dans le jeu de dupes qui se met en place.

* * *

CHAPITRE 3

Le coup d'Etat

Au courant du mois d'août 1963, le Président et son frère, Nhu, ont vent de ce qui se trame dans leur dos. Ils découvrent que les Américains ont mis en circulation des fonds secrets pour inciter les généraux à faire un coup d'Etat contre eux. Ils décident de les convoquer au palais présidentiel pour leur apprendre qu'ils sont au courant des détails de cette tentative américaine de les renverser et des dollars qui circulent pour acheter les consciences et faire aboutir le coup de force. Tous les généraux sont présents. Les Ngô-Đình les rappellent à l'ordre et à leur sens du devoir vis-à-vis de la guerre subversive qui menace encore leur pays et vis-à-vis du peuple qu'ils sont chargés de protéger. Les hommes se ressoudent dans l'obédience de l'armée.

Les deux frères évoqueront cette tentative de complot mené contre eux à deux journalistes qu'ils rencontreront successivement peu de jours avant leur assassinat. Il s'agit de Marguerite Higgins et de Suzanne Labin qui connaissent bien le Việt-Nam pour l'avoir souvent parcouru.

Kennedy a fait rappeler son ambassadeur, Frédérik E. Nolting Jr., jugé trop proche du président Diệm, pour le remplacer par Cabot-Lodge, résolument hostile au gouvernement vietnamien qu'il trouve peu coopératif et trop passéiste. Cabot-Lodge, pétri de certitudes, ne conçoit pas que le Président Ngô-Đinh Diệm puisse avoir ses propres opinions quant à la politique à suivre pour la défense de son propre pays et qu'il ne s'incline pas purement et simplement devant les instructions de ses « Supérieurs » (américains). Dans de telles conditions, la mésentente ne pouvait qu'être totale entre les deux hommes.

Cabot-Lodge, le nouvel ambassadeur des USA, atterrit à Saigon le 22 août 1963. Moins de quarante-huit heures après son arrivée, il envoie un télégramme au département d'Etat où il écrit : Les officiers généraux, exerçant les commandements les plus importants dans la région de Saigon, demeurent fidèles à Diem et à son frère. Le loyalisme des autres officiers généraux est moins connu. Etant donné les circonstances, soutenir le complot revient pour les Etats-Unis « à tirer au hasard. »

Le 31 août 1963, un télégramme de Cabot-Lodge indique que les généraux renoncent à leur entreprise. Les Etats-Unis se trouvent dans une impasse. Comme le précise l'étude du Pentagone : à la fin du mois d'août, Washington n'a plus de politique ! Ce même jour, en l'absence du Président Kennedy, les membres du Conseil national de sécurité se réunissent. L'ambiance est dominée par la sensation que « l'administration se trouve à la dérive ». Faute d'une solution claire, ils s'orientent vers la reprise du soutien de Diem. Dean Rusk insiste sur la nécessité de baser la politique américaine sur deux idées : « Que les Américains ne se retireront pas du Vietnam avant d'avoir gagné la guerre et qu'ils ne s'engageront pas dans un quelconque coup d'Etat. » McNamara soutient ce point du vue et Johnson lui-même approuve totalement cette thèse.

La lecture du « Dossier du Pentagone » est éclairante sur ce que les observateurs ont appelé la « dérive » de leur administration. Rappelons en quelques mots ce que fut l'affaire explosive dite du « Dossier du Pentagone » :

Le dimanche 13 juin 1971, le *New York Times* commença à publier les documents confidentiels que Robert MacNamara avaient fait rassembler à partir de juin 1967 pour obtenir un rapport sur l'histoire ultra secrète de l'action des Etats-Unis en Indochine. Le vol de ce que l'on devait appeler le « Dossier du

Pentagone » et sa remise à la Presse fit bondir d'indignation Richard Nixon, le Président des USA. Il tenta de faire interdire la publication de ces documents. La procédure fut menée sur un rythme intense et soutenu et, le 30 juin 1971, la Cour Suprême des Etats-Unis accorda toute latitude au *New York Times* et au *Washington Post* de publier ces informations secrètes. La Cour estima que le droit du peuple américain à une libre et complète information était garanti par le premier amendement à la Constitution et qu'aucune considération même licite, en l'occurrence le fait que ces documents avaient été volés, ne pouvait prévaloir sur ce droit.

Le chapitre 4 de ce dossier est intitulé *Le renversement de Ngo Dinh Diem.*

Il est ainsi commenté par Hedrick Smith : « L'étude secrète du Pentagone relative à la guerre du Vietnam révèle que le président Kennedy était au courant des plans du coup d'Etat militaire de 1963 et qu'il les avait approuvés… »

Cette étude précise : « A partir du mois d'août 1963, nous avons, à des degrés divers, encouragé, approuvé et autorisé le projet de complot des généraux vietnamiens et promis notre plein soutien à un éventuel gouvernement de remplacement… La part prise par nous à ce coup d'Etat n'a fait que renforcer nos responsabilités au Vietnam et l'engagement des USA. »

Les rapports et notes que rassemble le dossier du Pentagone montrent toutefois qu'il n'y avait pas d'unanimité chez les Américains pour juger et condamner l'action du Président Diem.

Kennedy, désireux de s'appuyer sur une position précise, prit la décision d'envoyer une mission à Saigon chargée d'établir une nouvelle évaluation de la situation. Elle fut confiée à deux hommes, le général de brigade Victor H. Krulak, spécialiste au Pentagone de la lutte anti guérilla et Joseph A. Mendenhall, ancien conseiller politique à l'ambassade de Saigon. Lorsqu'ils rentrèrent du Sud-Việt-Nam, ils exposèrent au Président Kennedy des vues diamétralement opposées. Le dossier du Pentagone nous donne la réaction de Kennedy : « Vous deux, est-ce bien le même pays que vous avez visité ? »

Kennedy fut fort contrarié du résultat de cette mission qui ne lui était d'aucune aide dans les décisions à prendre. Le 23 septembre 1963, il envoya une nouvelle mission cette fois confiée à deux de ses très proches et éminents conseillers puisqu'il s'agissait de Robert McNamara, Secrétaire à la Défense, et du général Maxwell Davenport Taylor, président du groupe des Chefs d'Etat-major. Dans le rapport qu'ils firent le 2 octobre 1963[14] ils notèrent que la campagne militaire avait enregistré d'importants progrès et continuait à bien évoluer. Ils préconisèrent à leur Président diverses mesures dont l'élargissement du programme stratégique des hameaux fortifiés, en particulier dans le Delta. Les résultats observés leur firent même envisager que le « gros » des forces américaines puisse être rapatrié en fin 1965. Le rapport prévoyait aussi des mesures de représailles d'ordre économique pour contraindre Diệm à effectuer des réformes politiques. Une surveillance étroite permettra de voir dans quelle mesure il renonce à ses mesures répressives. Les rapporteurs n'envisageaient pas, à ce stade, un quelconque changement de gouvernement tout en ajoutant : Notre politique doit être d'identifier d'urgence des personnes susceptibles de fournir une solution de remplacement, dès que celle-ci se dessinera, et de prendre contact avec ces personnes.

Que conclure d'un tel rapport. Le Président du Việt-Nam se trouve mis en liberté surveillée malgré des résultats militaires satisfaisants. On lui reproche sa politique répressive tout en reconnaissant les infiltrations communistes subversives dans le pays. Des actions terroristes continuent d'être menées par des commandos vietcongs. Comment dès lors imaginer que le Président d'un pays constamment menacé puisse envisager d'alléger ses outils de surveillance et de répression ?

En l'état et avec l'accord de Kennedy, Robert McNamara et le général Maxwell Taylor annoncèrent que 1000 hommes quitteraient le Vietnam à la fin de cette année 1963.

---

[14] Document n°47 du dossier du Pentagone.

Deux documents, contradictoires, nous révèlent à peu près la situation ultime et toujours aussi indécise devant laquelle se trouve Kennedy et le pas qu'on lui demande de franchir alors qu'il oscille toujours entre ce que lui préconisent les pro- Diệm et les anti-Diệm.

Le général Paul Donald Harkins, commandant des forces armées des Etats-Unis au Việt-Nam –et donc le mieux à même d'apprécier la situation militaire- envoie le 30 octobre 1963 une note au major Taylor (document n°54 du dossier du Pentagone). Harkins écrit : « Sur la directive fondamentale selon laquelle aucune initiative ne doit être prise au stade actuel pour apporter des encouragements secrets à la préparation d'un putsch (…) je suis enclin à penser qu'un changement de méthode de gouvernement serait préférable à un changement de personnel (…) Au cours de mes contacts, je n'ai pas rencontré de personnalités ayant autant de caractère que Diem, du moins sur le plan de la lutte contre les communistes. A mon avis il n'y a certainement pas un seul général qui soit qualifié pour le remplacer. Je ne suis pas un partisan inconditionnel de Diem. Je vois clairement ses défauts. Je ne suis ici que pour soutenir 14 millions de Vietnamiens dans leur lutte contre les communistes et il se trouve que Diem est à leur tête présentement… (Quant aux positions des forces armées, le général ajoute :) Le gouvernement du Vietnam progresse dans les régions I et II et dans la partie de la IIIème région ; il progresse aussi dans la région du Delta… »

L'ambassadeur Cabot-Lodge, lui, envoie une note à Mc George Bundy, le conseiller de Kennedy (document n° 57 du dossier du Pentagone, daté du 30 octobre 1963).

Il énonce dans ses préconisations : « Du point de vue général, j'estime que les Etats-Unis s'efforcent de tirer ce pays du fin fond du Moyen Age pour l'amener au rythme du XXème siècle et que des progrès considérables ont été faits sur les plans militaire et économique, mais que pour gagner la guerre il faut lui donner des conceptions politiques modernes, évolution qui ne peut être réalisée qu'au prix d'une modification radicale du gouvernement actuel ou par un changement de gouvernement… Nous devons poursuivre la politique qui consiste à garder les mains libres, et continuer les préparatifs du putsch… Quant à d'éventuelles demandes émanant des généraux, il se peut qu'ils aient besoin de fonds au dernier moment pour acheter des officiers demeurés fidèles à Diem. Dans la mesure où ces fonds peuvent leur être transmis discrètement, je crois que nous devrions les octroyer, pourvu que nous soyons sûrs que le putsch est suffisamment organisé pour avoir de bonnes chances de le réussir… Nous sommes liés envers les généraux par l'engagement que nous avons pris au mois d'août d'aider à évacuer leurs familles. Il nous faut chercher à tenir notre engagement dans la mesure où les circonstances le permettent… »

Cabot-Lodge reconnait donc les progrès considérables militaires et économiques réalisés au Vietnam mais il reste totalement réfractaire à la personnalité de Diệm qu'il trouve démodé dans son attachement aux traditions de son pays. L'ambassadeur américain souhaite lancer le Việt-Nam vers une modernité à l'américaine. Avec Diệm, c'est impossible, il faut donc le supprimer quelles qu'en soient les conséquences qu'il n'a à vrai dire pas même été capable d'analyser, comme la suite des évènements le démontrera.

La détermination de Cabot-Lodge forcera la main du Président Kennedy. Hésitant jusqu'au dernier instant, il n'opposera aucun veto formel au putsch qu'il a laissé de développer. Il est trop tard désormais pour le stopper. Deux jours plus tard, il est déclenché. Les fonds ont été distribués, ceux des généraux qui ont choisi de trahir sont prêts.

Pour mener à bien ce coup d'état, l'administration Kennedy s'appuya sur les services de Lucien Conein[15]. Lieutenant-colonel

---

[15] Lucien, Emile Conein, né le 29 novembre 1919 à Paris, vit son enfance à Kansas City après la mort de son père. En 1939, il revient en France pour rejoindre l'armée française. Après la défaite de la France, il retourne aux U.S.A. et s'engage à l'US Army. En août 1944, il est affecté aux opérations secrètes en France où il est chargé d'aider les forces de la Résistance intérieure en préparation du débarquement de Normandie. Après la guerre, il travaille dans

de l'armée américaine, il travaillait alors pour la CIA. Français de naissance, Conein pouvait s'entretenir aisément avec les généraux vietnamiens qui avaient reçu de la France leur formation militaire et parlaient peu ou mal l'américain. Il les incita à trahir leur Président. Il eut à sa disposition les moyens financiers de les corrompre. Il sut les convaincre, grâce aux rencontres avec Cabot-Lodge, qu'en cas d'échec du coup d'Etat ils seraient protégés par l'Amérique et qu'en cas de succès, ils auraient le pouvoir.

« Il est l'homme indispensable » disait de lui Cabot-Lodge dans un télégramme adressé le 25 octobre à Mc George Bundy et il ajoutait : « J'ai approuvé personnellement toutes les rencontres de Conein et du général Trần-Văn Đôn (l'un des trois principaux conjurés). En toutes circonstances, il a parfaitement exécuté mes ordres... ».

Après avoir reçu le feu vert de l'ambassadeur, la CIA, comme le révèlent les documents officiels, collabora étroitement avec les généraux et alla même jusqu'à leur offrir d'importants renseignements sur les armes et les emplacements des cantonnements des troupes soutenant Diệm[16].

* * *

Ces derniers jours d'octobre, l'atmosphère est lourde et sombre à Saigon. Ngô-Đình Nhu songe à sa femme et à sa fille parties au loin défendre les couleurs et les valeurs du Việt-Nam. Il pense à ses trois autres enfants. Il appelle près de lui son fils aîné, Trác, qui n'a pas encore seize ans. C'est l'héritier de sa lignée et de tous les Ngô Dinh puisque ses trois frères aînés n'ont pas de descendance. En peu de mots il lui explique que l'avenir peut réserver de graves surprises et il lui exprime son désir de le voir passer les vacances de la Toussaint loin de Saigon, dans leur lieu

les services de renseignement américain de l'OSS (Office of Strategic Services) et de la CIA (Central Intelligence Agency).

16 Citation tirée du dossier du Pentagone.

de villégiature à Đà-Lạt, avec son plus jeune frère et sa sœur de quatre ans :

– Voici un peu d'argent. Va. S'il m'arrivait malheur, je te confie tes deux sœurs. Sache que tu en es responsable.

Et il regarda partir ses enfants. Sans doute, les confia-t-il au Dieu Tout-Puissant[17].

Le 1er novembre, vers midi, les généraux et les colonels se réunissent à l'Etat-major général pour assister au déjeuner organisé par le général Trần-Thiện Khiêm. Lorsque chacun s'assied à sa place, le général Dương-Văn Minh se lève pour annoncer le déclenchement du putsch et demander l'allégeance de tous. On l'applaudit sauf le général Lê-Quang Tung, chef des Forces spéciales de Ngô-Đình Nhu. Il s'adresse à l'assemblée avec ces quelques mots : « Rappelez-vous qui vous a donné vos étoiles ! » Il est arrêté séance tenante et exécuté le soir même ainsi que son frère Lê- Quang Triệu.

Nguyễn-Hữu Duệ, le capitaine des Forces de Défense gouvernementale, téléphone au Président Diệm pour le prévenir de la rébellion et pour lui dire qu'il est prêt à lancer une attaque éclair contre l'Etat-major général en utilisant les forces de brigade de Protection générale et les chars d'assaut. Si l'attaque est déclenchée dès maintenant, il se fait fort de capturer tous les rebelles avant l'arrivée de leur renfort.

Ngô-Đình Diệm refuse cette attaque qui ferait couler le sang entre compatriotes et dit à son interlocuteur qu'il veut privilégier la concertation et s'informer de ce que les putschistes attendent exactement du gouvernement.

Vers 17 heures le chef des conjurés, Dương-Văn Minh téléphone à Ngô-Đình Nhu pour lui dire que s'il ne se rend pas, lui et le Président, le palais sera détruit au canon et bombardé par

---

17 A l'annonce du coup d'Etat, Trác gagnera aussitôt la jungle avec son frère Quỳnh et sa sœur Lệ Quyên. Accompagnés de quelques fidèles, bien armés, ils marcheront à travers les cours d'eau pour ne pas laisser de traces olfactives et ils atteindront enfin une piste où un avion est à même de les transporter à Rome. Ils y seront bientôt rejoints par leur mère et leur sœur aînée.

l'aviation. Mais, à 17 heures, aucun général ne veut prendre l'initiative de cet assaut.

A la nuit tombée, vers 20 heures, Cabot-Lodge téléphone au Président Ngô-Đình Diệm pour lui dire que s'il se rend il pourra l'aider à atteindre la direction de son choix, à l'étranger. Le Président lui répond qu'il restera jusqu'au bout dans son pays, qu'il est prêt à mourir à son poste par fidélité et pour l'honneur de son peuple.

Le général Đỗ-Cao Trí, commandant de la 1ère Région militaire à Huế ainsi que le général Nguyên-Khanh, commandant de la 2ème Région militaire à Pleiku, présentent au Président un plan commun d'envoi de leurs troupes pour la répression du coup d'Etat. Le général Huỳnh-Văn Cao, commandant de la 4ème Région militaire à Cần Thơ, donne à la 7ème division l'ordre d'avancer et toutes les forces de l'armée de sa région se dirigent jusqu'à la rive sud du Mékong. Ce plan commun est repoussé par le Président qui se refuse à faire couler le sang par son propre fait. Alors, Nguyên-Khan lui propose ainsi qu'à son frère de les conduire à Pleiku en attendant l'arrivée des troupes qui demandera quelques jours du fait de la distance à parcourir. Mais le Président se refuse autant à fuir qu'à faire couler le sang entre combattants du Vietnam sud.

Plus tard dans la nuit, sur l'insistance de son frère Nhu, Ngô-Đình Diệm finit par accepter de quitter le palais dans la voiture de Cao-Xuân Vỹ, directeur général de la Jeunesse républicaine, mouvement fondé par Nhu. Le Président s'assied à l'avant à côté de Cao-Xuân Vỹ. Nhu s'installe à l'arrière avec Đỗ-Thọ, l'officier d'ordonnance du Président. Arrivé à destination, le Président fait donner l'ordre aux défenseurs du palais de ne pas combattre pour éviter de verser le sang. Lorsque le colonel Nguyễn-Văn Thiệu déclenche l'attaque contre le palais, les défenseurs voudront malgré tout résister. Ils n'arrêteront leurs tirs qu'à l'épuisement de leurs munitions.

Le Président et son frère passent la nuit chez Mã-Tuyên, un Vietnamien d'origine chinoise, responsable à Chợ lớn de la Jeunesse républicaine.

Tôt, le matin du 2 novembre 1963, les frères Ngô-Đình participent et communient à la messe dite en l'église Saint François Xavier de Chợ lớn. C'est jour de fête pour l'Eglise catholique, elle prie pour tous les défunts après avoir honoré le jour précédent, le 1er novembre, la mémoire de tous les saints de la chrétienté.

A la fin de l'office, Ngô-Đình Diệm demande au prêtre qui a servi la messe d'appeler le général Trần-Văn Đôn qui ignore toujours où il se trouve. Le Président propose aux généraux de les rencontrer le matin même. Il reste persuadé de pouvoir les ramener à la raison en faisant appel à leur patriotisme. Le pays est en voie de gagner la guerre contre le communisme, cette rébellion est un acte totalement irresponsable. Les généraux Trần-Văn Đôn et Trần-Tử Oai font préparer une pièce pour accueillir dignement le Président et son frère à l'Etat-major. Le général Mai-Hữu Xuân reçoit mission d'aller les chercher. Il est accompagné du major Dương-Hữu Nghĩa et de Nguyễn-Văn Nhung, le garde du corps du général Dương-Văn Minh. Avant leur départ, le général Minh fait un signe au général Xuân. Il lève les deux doigts de sa main droite. C'est l'ordre de tuer les deux frères.

Diệm et Nhu attendent devant l'église Saint-François Xavier en conversant avec le prêtre. Ils voient arriver une jeep et un fourgon blindé. Mai-Hữu Xuân leur dit qu'il est envoyé pour les arrêter et leur ouvre le fourgon blindé. Sur l'opposition indignée de Nhu à voir son frère monter dans un tel véhicule, leur interlocuteur précise que c'est pour mieux assurer leur sécurité.

Au cours du trajet qui les conduit au quartier général, les deux frères sont tués de plusieurs balles et de coups de poignard donnés par Nguyễn-Văn Nhung. Voulant nier l'assassinat ainsi perpétré, ce dernier tentera de faire croire au suicide des deux frères alors qu'il les apporta morts, leurs mains attachées derrière leur dos. L'Etat-major fut consterné de les voir ainsi massacrés. Kennedy, lui-même, fut bouleversé de cette issue mortelle qu'il n'avait pas envisagée. Quelques jours plus tard, le général Minh fera exécuter son homme de main, Nguyễn-Văn Nhung.[18]

Parallèlement au démantèlement du gouvernement du Président Ngô-Đình Diệm et à l'inefficacité de la junte qui tente de s'y substituer, les forces armées communistes vont s'efforcer de rallier les Vietnamiens du Sud pour les entrainer dans leur lutte contre ce nouveau colonialisme qui se cache sous l'impérialisme américain.

Cela avait été l'un des arguments subversifs majeurs du Việt Cộng que de mettre en avant l'alliance du Président Ngô-Đình-Diệm avec l'Amérique afin de semer le doute quant à son nationalisme. L'alliance avec les Américains était certes plus voyante que celle des Vietnamiens du Nord avec les communistes chinois. Sans l'intervention des Chinois – et des Russes - au côté du Việt-Nam Nord, la République du Việt-Nam n'aurait certes pas eu le même besoin des Américains pour se défendre.

C'est ce même Dương-Văn Minh qui sera appelé en 1975 par le Front national communiste de libération du Việt-Nam Sud. C'est lui qui accélérera le départ des Américains. Il se rendra sans opposer de résistance à l'arrivée des communistes à Saigon et livrera le pays aux envahisseurs.

Une fin honteuse pour celui qui porte la responsabilité principale de la trahison de ses chefs, de leur assassinat et de la plongée de son pays dans le chaos.

---

[18] Le récit des derniers jours du Président et de son frère est tiré du livre de Truong-Vinh Lê *Vietnam, où est la vérité ?* L'auteur, qui fut le président de l'Assemblée nationale jusqu'au coup d'Etat, était sur place lors des évènements. Il s'est aussi rapporté aux précisions fournies par le Général Trần-Văn Đôn lui-même, l'un des trois conjurés principaux. Il eut aussi accès à d'autres sources.

Le 5 novembre 1963, le Général de Gaulle, alors Président de la République française, eut un entretien avec Bohlen, l'ambassadeur des U.S.A. en France.

Lors de cet entretien qui fut consigné dans les archives du Secrétariat général[19], de Gaulle exprima ainsi ce qu'il pensait des évènements du Vietnam :

« *C'est vous qui aviez poussé le président Diem et son équipe et nous n'avions pas eu à nous en louer. Cela ne vous a pas réussi. Je ne crois pas que ce que vous entreprendrez au Vietnam, par voie d'interventions directes dans ce pays, puisse réussir. Il est regrettable pour l'Amérique que le président Diem et M. Nhu aient été assassinés. Ceux qui les ont remplacés n'auront sans doute pas plus de succès. Notre propre expérience nous a appris que les hommes qui détiennent le pouvoir en vertu de l'ingérence étrangère sont voués à l'échec. Cela est encore plus certain lorsque le rôle qu'on leur assigne est de faire la guerre. Nous allons voir comment la situation se développera, mais nous ne croyons guère qu'elle évolue favorablement. Mon sentiment personnel est que la sagesse eût consisté, comme cela avait d'ailleurs été décidé à Genève en 1954, à ne pas se mêler des affaires du Vietnam. Cette observation vaut évidemment pour les communistes, mais elle vaut aussi pour vous. Je crains que vous ne vous soyez enlisés dans une entreprise vaine dont il vous sera de plus en plus difficile de vous dégager.* »

Après la chute de Ngô-Đình Diệm, il y eut jusqu'à huit gouvernements qui se succédèrent en deux ans. Malgré le plein soutien américain qui leur était acquis, aucun de ces gouvernements ne put démontrer sa capacité ni son autorité à diriger le pays. Tout ce que les Ngô-Đình avaient construit en dix ans fut détruit. Tous les partis et les mouvements furent fermés. Les collaborateurs qui étaient restés fidèles furent tués ou emprisonnés. Les chefs des 41 provinces furent remplacés. Ceux qui combattaient pour l'indépendance de la République du Việt-Nam finiront par se décourager du désordre qui règne dans leur pays. Beaucoup d'entre eux en viendront à rejoindre les rangs

[19] Cf. « Charles de Gaulle » par Eric Roussel aux Editions Gallimard, page 756.

communistes pour pouvoir continuer leur lutte pour l'indépendance. L'armée de ces maquisards communistes deviendra une forte armée révolutionnaire fédérée au nom de la patrie. Elle fera face à l'arrivée des nouvelles troupes américaines, de plus en plus massives à partir de 1964, sous la présidence américaine de Lyndon Baines Johnson.

Pour plaire aux Américains et s'attirer la faveur de l'opinion publique mondiale, les généraux n'hésiteront pas à s'afficher dans les boites de nuit en dansant le twist. Il ne faudra pas beaucoup de temps aux Vietnamiens pour observer que les nouvelles mœurs se sont bien éloignées de celles du gouvernement austère des Ngô-Đình qui faisait plus souvent servir du thé que du dispendieux champagne aux réceptions officielles.

Cette sobriété des mœurs du Président était légendaire. Il vivait de façon monacale en passant son seul jour de vacances, Noël, sur le front avec les troupes.

Quant à Mme Ngô-Đình Nhu, on a dit que c'était l'une des sept femmes les plus riches du monde avec des propriétés fantasmagoriques aux quatre coins du globe. Un simple devoir d'objectivité oblige à rappeler, qu'en exil, seules les ressources qu'elle tira de ses interviews lui permirent de subvenir aux besoins de ses quatre enfants mineurs.

Après l'assassinat de Kennedy, le nouveau gouvernement de Johnson fut confronté à la recrudescence des attaques du Việt Cộng dopé par le meurtre des Ngô-Đình.

Nguyên-Huu Tho, le Président du Front national de libération, déclara au journaliste australien Wilfrid Burchett : « La chute des Ngô-Đình a été pour nous un don du ciel ».

* * *

CHAPITRE 4

Un autre Regard

Nonobstant ce qui est écrit ci-dessus, le lecteur qui ouvre aujourd'hui un livre évoquant l'histoire des Ngô-Đình ne trouvera sans doute que des informations limitées à « la persécution bouddhiste » ou à leur « Régime dictatorial, sanguinaire et corrompu ».

Dans la meilleure des hypothèses, on dira que le Président Ngô-Đình Diệm n'a pas respecté les Accords de Genève en écartant la décision qui y avait été prise de procéder à des élections générales dans tout le pays.

Par rapport à ces allégations tout à fait infondées, voici quelques faits et observations logiques qui sont aisément vérifiables :

En ce qui concerne les Accords de Genève de juillet 1954 qui décidèrent de la partition du Việt-Nam en deux, on rappelle qu'ils furent signés seulement par le gouvernement français et les représentants de la République démocratique du Việt-Nam (RDV), futur Việt-Nam nord d'Hồ-Chí-Minh. Ces Accords furent dénoncés officiellement par la République du Việt-Nam, futur Việt-Nam sud de Ngô-Đình Diệm et aussi par les Etats-Unis qui faisaient partie de la Conférence avec la Chine, l'U.R.S.S. et la Grande Bretagne.

La partie de ces Accords dédiée aux élections qui auraient dû unifier le pays en 1956 et qui est contenue dans la déclaration finale, n'a été signée par aucune des parties. Elle n'a donc pas la valeur d'un accord engageant la parole des signataires.

Toutefois, au temps venu des élections prévues, la République du Việt-Nam répondit tout de suite positivement aux propositions du Nord mais elle demanda des garanties pour que les élections soient réalisées dans toutes les conditions de sécurité et de transparence. A part les journaux paraissant au Việt-Nam sud, personne au Việt-Nam nord comme dans le reste du monde ne fit état des positions respectives des deux Etats et l'on attribua au seul Việt-Nam sud la non réalisation de ces élections alors que ce sont les autorités communistes qui n'ont pas donné suite aux propositions du Sud en interrompant les discussions.

Par contre, ce fut bien une des violations les plus évidentes des Accords de Genève que ces continuelles infiltrations et actes de terrorisme dirigés par le Việt cọng contre le Việt-Nam sud. Ils furent dénoncés même à plusieurs reprises par la Commission de contrôle des Accords de Genève qui avait comme président, un ressortissant indien, et comme autres membres de cette commission une personnalité polonaise et une personnalité canadienne pour que soient dûment représentés le bloc communiste et le bloc occidental.

Les objectifs d'hégémonie des communistes étaient tellement patents qu'ils se manifestèrent encore avec le non respect des Accords de Paris en 1973. Malgré le prix Nobel de la paix funestement attribué aux négociateurs des Accords de Paris, à l'Américain Henry Kissinger et au Nord-Vietnamien Lê-Đức Thọ, ces Accords seront une nouvelle fois violés par le Việt-Nam nord qui envahira le Sud, deux ans plus tard, en avril 1975, en profitant de la faiblesse américaine aux prises avec le scandale du Watergate.

Pour la soi-disant crise bouddhiste, l'histoire a démontré une mystification qui fut largement instrumentée contre le Président Ngô-Đình Diệm. Il n'en était pas dupe. Madame Ngô-Đình Nhu fut vite informée que cette crise n'était que du « vent » soufflé de façon subversive par les opposants de tous bords, Vietnamiens, Français, Américains et communistes.

Avant ce premier suicide d'un bonze par le feu, en 1963, dont la presse mondiale s'empara, il n'y avait jamais eu la moindre dénonciation d'une quelconque persécution religieuse contre le gouvernement Ngô-Đình en charge du pays depuis 1954.

On ignore encore assez souvent que pour devenir bonze, il suffit de se raser la tête et de s'habiller d'une tunique de couleur safran, sans autre formalité. Les infiltrations sont donc très faciles à mener et elles furent pratiquées avec beaucoup d'habilité et un résultat pathétique. Leurs auteurs savaient par ailleurs que ces images de corps brûlés vifs susciteraient une telle émotion en Occident qu'il en perdrait tout esprit critique.

Après mai 1963, l'emballement médiatique piloté par les uns avec l'aveuglement des autres, accusa le gouvernement « catholique » des Ngô-Đình d'être responsable de toutes sortes de crimes en occultant des chiffres pourtant indiscutables : pendant la présidence de Ngô-Đình Diệm, il y eut un développement sans précédent des pagodes bouddhistes, avec la construction de mille deux cent soixante quinze nouvelles pagodes. La pagode de Xả Lợi qui s'avéra l'une des plus subversives, avait été construite grâce à un don personnel du Président de six cent mille piastres. Mille deux cent quatre vingt quinze pagodes furent restaurées. Il y eut ainsi une explosion de deux cents pour cent du chiffre des pagodes. Du côté catholique, il n'y eut pas d'explosion mais une progression de trente pour cent du nombre des églises.

Sur les dix-huit ministres attachés au gouvernement, seuls cinq étaient catholiques. Sur les trente-huit gouverneurs du pays, douze étaient catholiques. Par ailleurs, trois généraux sur dix-neuf étaient catholiques. Sur les cent treize députés, soixante-quinze se déclaraient bouddhistes. Le vice-président de la république et même le gouverneur de la ville de Huế, où eurent lieu les premiers désordres, étaient bouddhistes. Aucun dictateur sanguinaire ne se mettrait dans une telle position de minorité dans son propre gouvernement comme dans sa représentation parlementaire en accueillant ainsi ceux qu'il aurait l'intention de persécuter. Comme l'a souligné Ngô-Đình Diệm à un journaliste qui l'interrogeait à ce propos :

– Il faudrait que je sois fou, après neuf ans de présidence et dans un moment décisif de la guerre que nous menons, de songer à mener une telle persécution. Or je ne suis pas fou !

Le casus belli avait pris prétexte d'une circulaire gouvernementale qui demandait d'accorder la préséance du drapeau national sur tout emblème religieux. Pour clore un incident dont les conséquences devenaient préoccupantes, le Président institua un Comité chargé d'y mettre une bonne fin.

Lorsque le Comité mixte représentant le gouvernement et les bouddhistes signa la « Déclaration conjointe », le 16 juin 1963, l'affaire fut réglée instantanément. Les bouddhistes avaient obtenu satisfaction.

La fin de cette « affaire bouddhiste » bloquait les objectifs subversifs de l'activiste Thích (Vénérable) Trí-Quang. Soi-disant bonze mais communiste avant tout, il avait créé un mouvement d'opposition le *Phat Giao Cap Tien*, ce qui signifie « Bouddhisme radical ». Il ameuta les opposants de son bord. A Saigon, un très vieux bonze fut sorti d'une voiture et, soutenu sous les épaules, deux « amis » que personne ne revit jamais le trainèrent au centre de la place. L'apparence de ce pauvre homme que l'on tira ainsi sans qu'il réagisse même à l'approche du feu donna à penser qu'il avait été drogué. D'autres immolations par le feu suivirent. C'est alors que le Président Ngô-Đình Diệm se décida à réagir en ordonnant des perquisitions dans les pagodes où la police avait observé une activité anormale. Ils y trouvèrent toutes sortes d'armes.

Le 28 août 1963, le gouverneur militaire de Saigon donna une conférence de presse accompagnée de tout ce qui avait été saisi dans les pagodes : poignards, fusils, bombes, jusqu'à un mortier, et une masse imposante de documents de propagande : tracts, papillons, brochures, instructions détaillées pour élargir l'emprise sur les masses… Le vénérable bonze Thich Tien Hoa, qui était le président de l'Association nationale Sangka, très ancienne Association de bouddhistes, déclara dans un grand appel que « c'en était assez d'une agitation artificielle ». Il invita les bouddhistes sincères à « reconnaître qu'ils n'avaient jamais été persécutés ». Il dénonça les meneurs qui n'avaient poursuivi que des buts politiques et annonça qu'il prenait en mains la gestion de toutes les pagodes. Sur les quatre mille pagodes existantes, la douzaine de celles qui avaient été fermées furent ouvertes à nouveau.

A Saigon, deux cent cinquante mille personnes sortirent dans les rues à l'appel des « Jeunesses républicaines » pour témoigner de leur appui au Président Ngô-Đình Diệm.

Ngô-Đình-Nhu, dans une lettre amère datée du 2 septembre 1963, deux mois avant sa mort, commente ainsi à ses amis chartistes l'actualité à laquelle il doit faire face[20] :

Personnel

Chère amie,

Excusez-moi de vous avoir donné tant de soucis. Je déteste ces journaleux avec leur amour du sensationnel et leur cupidité commerciale, parce qu'ils vous ont empêchée de dormir. Au fond, il n'y a trois fois rien d'autre que la conjuration américaine et communiste contre le Sud Việt-Nam, *parce que le* Việt-Nam, *veut tout simplement être lui-même et pas autre chose, ni américanisé, ni communisé. D'où cette affaire bouddhiste qu'ils ont montée contre nous. Nous sommes obligés de la régler une fois pour toutes, en brisant le cercle de magie et de terreur qu'ils ont installé dans 5 pagodes sur plus de 4000 pagodes dans tout le pays. Dans ces pagodes ils utilisent tous les moyens, y compris le terrorisme, pour hypnotiser quelques esprits en vue de les pousser à se jeter dans le feu après avoir avisé les télévisionistes américains qui*

20 Cette lettre reproduite à l'Annexe 3 à la fin de cet ouvrage est conservée au dépôt des archives de l'Ecole des Chartes, à Paris.

paient bon prix l'organisation de ce spectacle unique au XXème siècle. Depuis l'état de siège, c'est-à-dire le 20 août jusqu'à maintenant, il n'y a plus de suicides de bonzes. C'est la preuve que libérés de l'organisation secrète américano – soviétique (terreur, intoxication, etc) les bonzes ont pu reprendre leur vie normale : l'affaire est terminée. Cependant les comploteurs, frustrés dans leur entreprise de coup d'état pour mettre à la tête du pays une nouvelle espèce de **Bảo Đại**, *ont voulu tenter de monter une affaire d'étudiants, comme en Corée et en Turquie : ils en ont été pour leur frais, car nous avons étouffé tout cela dans l'œuf ; tous ces soi-disant étudiants ont été mis dans un camp d'entrainement militaire d'où deux jours après ils sont rentrés chez eux, tout à fait désintoxiqués : ils ont été manipulés par la propagande américano – soviétique et terrorisés par leurs bandes secrètes. Nous savons qu' « ils » ont mis 20 millions de dollars dans toute cette affaire : ils ne nous laisseront pas tranquilles, parce qu'ils doivent justifier ces énormes frais à leurs chefs. Ils ont dû en mettre beaucoup dans leurs poches et maintenant ils ont peur pour leur propre peau.*

Je vous raconte tout ceci, non pour vous intoxiquer, ni pour vous calmer mais parce que je vous dois toute ma sincérité, vous qui êtes une amie si fidèle et si sensible. Si mon pauvre pays n'était pas en si grave danger, j'aurais tout lâché rien que pour ne pas vous donner des crises cardiaques à cause de moi.

C'est dire combien je suis sensible à votre affectueuse amitié, et aussi combien, dans les graves dangers que je cours à tous les instants, votre pensée est une consolation et un encouragement précieux pour moi. Je ne me moque pas du tout de la prière que vous m'avez envoyée : je la porterai toujours sur moi, non par esprit superstitieux, mais parce qu'elle représente votre pensée présente en moi au milieu des dangers dont vous avez fait vous-même la dure expérience quand vous étiez dans la résistance.

Votre ngô đình

La Commission ad hoc des Nations Unies, chargée d'enquêter sur l'affaire bouddhiste à la demande expresse du Président Ngô-Đình Diệm, mena ses travaux d'investigation du 24 octobre au 3 novembre 1963. Elle enregistra cent seize témoignages et interviewa sept représentants du gouvernement, quarante sept témoins dont quatre bonzes qui, d'après les dénonciations reçues par cette Commission, auraient dû avoir péri par le feu.

Comme le déclara le conseiller Ngô-Đình Nhu à cette même Commission : « Le gouvernement n'a aucun intérêt à emprisonner des gens lorsque la sécurité nationale n'est pas en jeu. Sur plus de deux cents bonzes qui furent gardés à vue, seule une dizaine fut emprisonnée pour activité subversive après un procès public régulier. »

La Commission aboutit à la conclusion qu'en fait, il n'y avait jamais eu de persécution contre les bouddhistes.

Le 7 décembre 1963, elle rédigea un rapport de deux cent trente quatre pages qu'elle consigna à l'Assemblée générale de l'ONU. Mais les autorités de l'ONU ne publièrent pas ses conclusions.

Voici un passage rédigé par l'un de ses membres, le Costaricain Fernando Volio Jimenez :

« *Les accusations formulées par l'Assemblée Générale de l'O.N.U. contre le gouvernement de Diem n'ont pas résisté à l'enquête objective. Il n'y a eu ni discrimination, ni persécution religieuse… Il n'y a pas d'autre façon de juger les faits. Les heurts entre une petite fraction –non pas la totalité- de la communauté bouddhiste et le régime Diem furent exclusivement politiques. La majorité des membres de la Commission est de mon avis.* »

La Commission de l'O.N.U. comprenait des délégués de l'Afghanistan, du Brésil, de Ceylan, du Costa-Rica, du Dahomey, du Maroc et du Népal. Ses conclusions font partie des archives de l'O.N.U.

En février 1964, ce rapport, qui avait été mis sous le boisseau, fut découvert et publié par la sous-commission de la sécurité intérieure du Sénat. Il n'y eut quasiment aucune trace, dans les medias ou les livres d'histoire, de cet important travail qui ne fut jamais cité en référence sinon par Monsieur Trương-Vĩnh Lễ[21]

---

[21] Trương Vĩnh Lễ fut le président de l'Assemblée nationale du Vietnam jusqu'au coup d'Etat du 2 novembre 1963.

dans son ouvrage intitulé *Vietnam, où est la vérité ?* ou par quelques reporters plus soucieux de vérité comme Suzanne Labin[22] ou cette fameuse journaliste, Marguerite Higgins qui mérita le prix PULITZER pour ses éminentes qualités professionnelles.

Les professeurs John Norton Moore et Robert F. Turner de l'Université de droit de Virginie citent eux aussi ce témoignage du membre costaricain de la Commission de l'ONU dans leur ouvrage précité *Legal and Policy Issues of the Indo-China War.*

Madame Higgins visita dix fois le Việt-Nam à travers diverses missions dans les provinces les plus éloignées. Elle consigna dans son livre *Our Viêt-Nam nightmare* ses constatations et ses analyses sur les prétendues arrestations et détentions de bouddhistes.

– Personne ne vous croira ! avait prédit Trí-Quang à Marguerite Higgins lorsqu'elle lui reprocha cette série d'actions machiavéliques qui n'avaient rien à voir avec la philosophie bouddhiste.

Elle n'hésita pas à dénoncer l'œuvre subversive et déstabilisante du faux bonze Trí-Quang, dont on ne découvrit que bien plus tard, son rattachement au Việt Cọng. L'ambassadeur américain, Henry Cabot Lodge, accorda à ce dernier l'asile politique en automne 1963 pour le protéger de l'accusation justement fondée d' « incitation au suicide ».

Il convient de souligner que cette même ambassade américaine, après le coup d'Etat du 2 novembre 1963 qui coûta la vie au Président Ngô-Đình Diệm et à son frère, refusa l'asile politique à leur frère cadet Ngô-Đình Cẩn. S'occupant de leur mère âgée, à Huế, il avait trouvé refuge auprès des Rédemptoristes canadiens dont il était l'un des bienfaiteurs. Ceux-ci, pour lui assurer une meilleure protection, s'adressèrent au consulat de Huế qui contacta l'ambassade américaine de Saigon. Cette dernière déclara qu'elle garantirait sa sécurité dès son arrivée à Saigon. A sa descente de l'avion, il fut aussitôt livré aux rebelles. Alors qu'il n'avait plus de charge publique et qu'il

---

22 Cf. Suzanne Labin « *Viêt-Nam, Révélations d'un témoin.* Nouvelles Editions Latines- 1964.

était gravement malade, Cẩn fut fusillé le 9 mai 1964 sans avoir pu assurer sa défense sur la demande explicite de Trí-Quang. Protégé par les Américains et devenu ainsi intouchable, ce faux bonze exerça une néfaste influence avant que soient déjouées, hélas trop tardivement, ses véritables intentions.

Comme cela pouvait être prévisible, les medias donnèrent un large écho à une phrase de Madame Ngô-Đình Nhu lorsqu'elle évoqua les « barbecue » des bonzes. Il convient pourtant de préciser que cette expression était celle-là même qu'utilisaient entre eux les photographes américains lorsqu'à la recherche du scoop, ils s'adressaient avec désinvolture au soi disant chef bonze pour lui demander où et comment se déroulerait le prochain « barbecue ».

Il importe aussi de savoir que les journalistes étaient informés de ces évènements suffisamment à l'avance pour avoir le temps d'installer sur place leurs caméras et faire leur travail d'information. De plus, pour être sûr que cet atroce évènement serait filmé jusqu'au bout et dans les meilleures conditions, des complices des soi-disant bonzes formaient un attroupement qui empêchait toute intervention des secours et des forces de l'ordre.

Après le putsch du 2 novembre, il y eut jusqu'à six suicides par le feu de soi-disant bonzes dans les cinq semaines qui suivirent mais cela n'intéressait plus personne et les medias n'en parlèrent pas. Tout ceci montre bien une évidente et scandaleuse manipulation des medias.

* * *

Johnson, qui s'était opposé jusqu'à la dernière minute au coup d'Etat préconisé et soutenu par l'autre aile de l'administration Kennedy, hérita de la situation et engagea tous les moyens militaires à sa disposition.

En 1968, il y aura 536 000 soldats américains engagés au Việt-Nam. La mobilisation générale décrétée au Việt-Nam sud fera passer à 820 000 hommes les effectifs de l'armée vietnamienne. Ils s'élèveront à 968 000 en 1970.

Nixon, élu en novembre 1968 à la tête des USA, prend ses fonctions en janvier 1969. Il cherche à obtenir la paix. Le 27 janvier 1973, les Accords de Paris sont signés et un cessez-le-feu est établi. 55.000 soldats américains seront morts au Việt-Nam lorsque les communistes prendront le pouvoir.

C'était au prétexte de gagner la guerre plus vite que le coup d'Etat contre les deux frères Ngô-Đình avait été commandité. De cette date fatidique du 2 novembre 1963 jusqu'au 2 juillet 1976, se seront écoulés treize ans d'une guerre de plus en plus meurtrière qui n'aura servi à rien d'autre qu'à détruire un pays de fond en comble et qui aura coûté des milliers et des milliers de vies humaines.

Tout le monde se souvient de l'image de cet ambassadeur américain juché sur le toit de l'ambassade, le drapeau américain roulé sous son bras, et se dépêchant de monter dans le dernier hélicoptère.

« A quoi sert la puissance militaire américaine si ce n'est à fuir avec elle ? » avait souligné Madame Ngô-Đình Nhu lors d'une interview à New York pour la MBC, le lendemain du 30 avril 1975.

Quelques jours plus tôt, le 17 avril 1975, les Khmers rouges étaient entrés à Phnom Penh, au Cambodge.

Le 30 avril 1975, l'armée Việt Cộng pénètre à Saigon.

Le 29 novembre 1975, la République populaire du Laos est proclamée, le roi Savang Vathan a abdiqué.

Le 2 juillet 1976, c'est la réunification officielle du Việt-Nam. La République socialiste du Việt-Nam (RSV) est fondée.

En 1976, toute l'ancienne Indochine est passée sous l'emprise communiste.

***

A la lumière de ces faits bien réels, comment peut-on expliquer la campagne de mensonges et de calomnies qui fut dirigée contre les frères Ngô-Đình, puis l'épais silence qui s'installa depuis et continue de couvrir la vérité ?

D'innombrables preuves établissent que ce silence fut réellement imposé.

Celles-ci nous paraissent particulièrement significatives :

En juin 1964, Mme Ngô-ĐìnhNhu et sa fille Lệ Thuỷ, qui avait près de 19 ans, furent invitées aux Etats-Unis pour un tour de presse, le *Truth Rally*. Ces groupes d'opinion souhaitaient accéder à une autre version des faits que celle qui était officiellement affichée. L'année 1964 était celle de l'élection du successeur du président Kennedy.

Invoquant des « Raisons de Sécurité nationale », les autorités américaines refusèrent leur visa à Mme Ngô-Đình Nhu et à sa fille. Toutes deux furent ainsi empêchées de venir. Elles ne purent répondre au désir légitime qu'avaient ces groupes d'opinion de se renseigner par eux-mêmes.

On reste bien sûr perplexe sur le danger que l'arrivée de deux femmes sur le territoire de l'état le plus puissant du monde pouvait faire courir à sa sécurité … Dans l'impossibilité d'y croire, seul demeure tangible le résultat obtenu, un silence bel et bien imposé.

Il en fut encore ainsi lors du « Numéro spécial » que différentes sociétés de presse éditèrent sur le Việt-Nam en 1985, dix ans après la prise de pouvoir communiste.

Des revues aussi prestigieuses que *Newsweek* s'interdirent de communiquer la seule interview éclairante que leur avait consentie Mme Nhu. Par contre, elles publièrent une pléthore d'interventions y compris celles de personnalités qui n'avaient aucun rapport direct avec l'histoire du Việt-Nam.

* * *

Le terrorisme s'est manifesté en Occident au cours de ces dernières décennies. Personne ne s'avise de contester aux gouvernements confrontés à cette violence le droit de conduire les interrogatoires et les perquisitions nécessaires à la sécurité des populations ni même celui de procéder à des fouilles minutieuses dans les aéroports. Pour autant, nul ne s'autorise à traiter ces gouvernements de policiers ou dictatoriaux.

Le gouvernement des Ngô-Đình n'eut pas droit à la même compréhension.

La presse comme les intellectuels et les politiciens de tous bords, imbus de leur suffisance et prétention idéologiques, pontifièrent sur la nécessité d'ouverture démocratique du Việt-Nam alors qu'il était confronté à une guerre subversive utilisant des moyens terroristes.

Des millions de jeunes ont manifesté dans le monde contre cette guerre qui leur était totalement incompréhensible. Beaucoup prirent parti naïvement pour le petit peuple vietnamien incarné par le vieil oncle Hồ contre le Goliath américain.

S'il n'y avait pas eu le sacrifice de ces millions de boat people qui vers la fin des années 1970 et le début des années 1980 se jetèrent à la mer pour fuir le régime communiste de la terreur, peut-être que le mythe du Việt Cộng nationaliste et libérateur survivrait encore aujourd'hui.

Lorsque les communistes s'empareront du Việt-Nam sud, ils sèmeront la désolation, bruleront les écoles, massacreront les professeurs et les docteurs, mineront les ponts, détruiront les routes et ramèneront ainsi le pays des années en arrière… Violences, destructions et meurtres que l'occident et les medias couvriront de leur silence jusqu'au drame poignant de ces milliers et milliers de Vietnamiens qui se jetteront à la mer.

Les frères Ngô-Đình ont vécu leur Gethsémani la nuit du 1er au 2 novembre 1963. Ils ont su répondre aux évènements et à la trahison par un haut témoignage de leurs vertus d'hommes de gouvernement et de chrétiens.

On ne peut pas rendre la vie aux morts, mais au moins leur doit-on Justice et Vérité face à la réalité des faits. Persister à ne pas le faire, c'est finir par partager la responsabilité de ceux qui provoquèrent leur mort et le désastre du Việt-Nam.

Une complicité morale que le monde et même l'Eglise ne peuvent vraiment plus se permettre.

* * *

Portrait de Ngô-Đình Khả, le père du Président Diệm.

Par ordre de naissance, les six fils de Ngô-Đình Khả avec leur mère en haut à droite. Le Président Ngô-Đình Diệm est au centre et Nhu est juste au-dessous, à droite.

Photo de famille à Huế sous le portait de Ngô- Đình Khả.
De gauche à droite au second rang, ses enfants : Nhu, Diệm, Thục, Madame Nguyen-Van-Am née Ngô-Thi Hiep, Madame Nhu née Tran-Lê Xuan, Cẩn, Luyện, et son gendre : Nguyen-Van Am.
Au 1er rang autour de Madame Ngô-Đình Khả, les quatre enfants de son fils Nhu : Trác (14 ans), Quỳnh (9 ans), Lệ Quyên (2 ans) et Lệ Thuỷ (16 ans). (1961)

Ngô-Đình Diệm, le Président de la République du Vietnam.

Le Président Ngô-Đình Diệm en conférence

Le Président Ngô-Đình Diệm

Son frère Ngô-Đình Nhu

Sa belle-sœur, Madame Ngô-Đình Nhu

Ngô-Đình Nhu en 1962 ou 1963.

Madame Ngô-Đình Nhu visite un village du Sud-est avec les membres du Mouvement de Solidarité (23 mars 1961)

Madame Ngô-Đình Nhu préside une réunion du Mouvement de Solidarité des Femmes Vietnamiennes.

Madame Ngô-Đình Nhu visitant une garderie d'enfants du Mouvement de Solidarité (25 mars 1961)

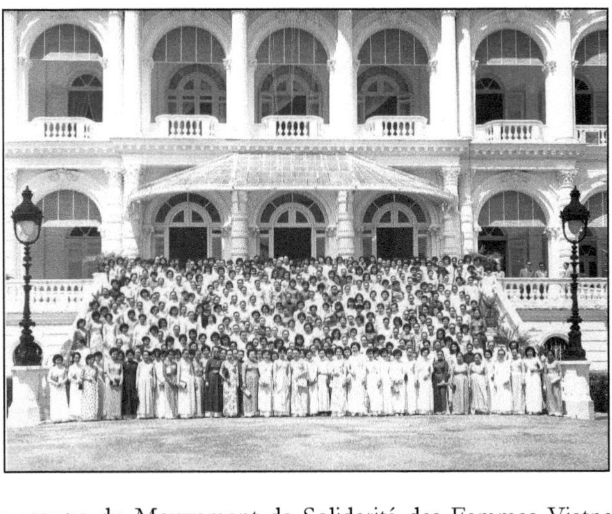

Photo de groupe du Mouvement de Solidarité des Femmes Vietnamiennes. (Madame Ngô-Đình Nhu est au milieu au 1er rang)

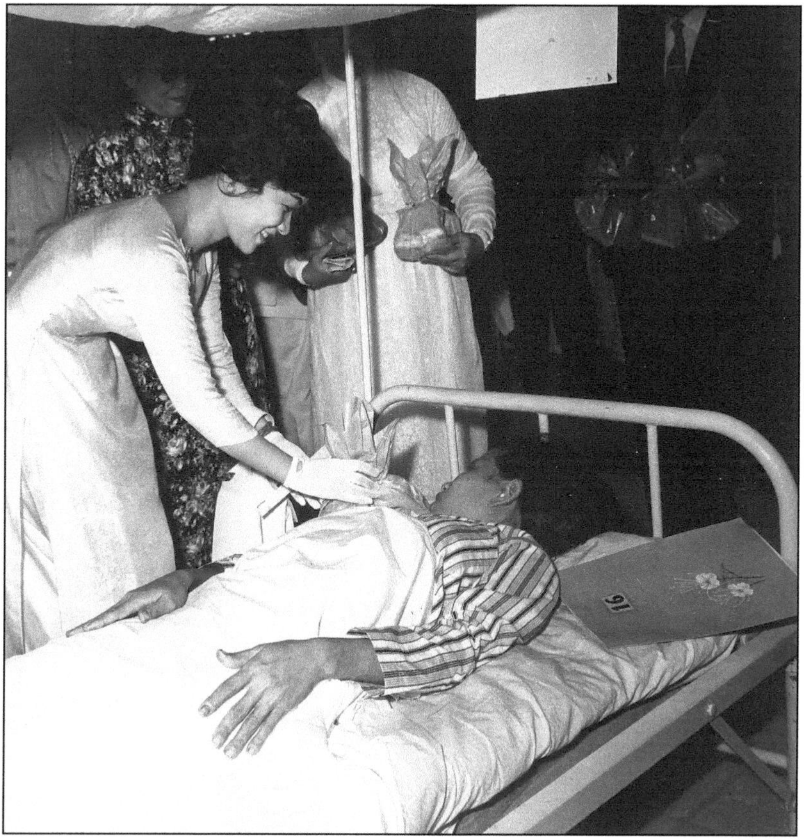

Madame Ngô-Đình Nhu distribuant des cadeaux à la maternité réservée aux familles des parachutistes et sous la responsabilité du Mouvement de Solidarité (25 juillet 1961)

Madame Ngô-Đình Nhu visitant un des restaurants populaires tenus par le Mouvement de Solidarité des Femmes Vietnamiennes. (23 mars 1961)

Madame Ngô-Đình Nhu en déplacement avec sa députation

Défilé du Mouvement de Solidarité des Femmes Vietnamiennes
(25 mars 1961)

Madame Ngô-Đình Nhu prononce un discours au cimetière
des jeunes filles assassinées par les communistes (27 mars 1961)

Madame Ngô-Đình Nhu sous la statue des sœurs Trưng, à Saigon (statue détruite en 1963)

A l'entrée de sa chambre au Palais de l'Indépendance Madame Ngô-Đình Nhu montre les peaux des tigres tués par son mari à Mme Johnson (avec le grand sac à main fleuri) et à la sœur de John Kennedy (à droite de Madame Johnson)(1961)

L. B. Johnson, qui succèdera au Président Kennedy à la tête des USA, salue Madame Ngô-Đình Nhu en présence des officiels vietnamiens (1961)

Madame Ngô-Đình Nhu et l'un des généraux de l'armée contemplent l'étendue des désastres après le coup d'état qui a détruit le Palais de l'Indépendance en février 1962

Deux photos de Madame Ngô-Đình Nhu et de son mari dans leur résidence à Đà-Lạt au début des années 1950 (en haut) et au début des années 1960 (page suivante)

A Huế, la famille Ngô-Đình Nhu (1961)

Le Président Ngô-Đình Diệm prend en photo Lệ Quyên, dernière fille de son frère Nhu (1961)

Ngô-Đình Nhu et sa fille Lệ Quyên (1961)
Lệ Quyên avec le képi d'un officier (1962)

Madame Ngô-Đình Nhu dans son bureau du Palais Gia Long avec son mari et leurs quatre enfants : Lệ Thuỷ 17 ans, Lệ Quyên 3 ans, Quỳnh 10 ans, Trác 15 ans (1962)

Photo de famille. De gauche à droite, Ngô- Đình Lệ Thuỷ (17ans), Madame Ngô-Đình Nhu, l'Archevêque Ngô- Đình Thục, Ngô-Đình Quỳnh (10 ans), Ngô-Đình Nhu, le président Ngô- Đình Diệm, Ngô Đình Lệ Quyên (3 ans), Ngô- Đình Trác (15ans) (1962)

De gauche à droite : Ngô-Đình Quỳnh, Madame et Monsieur Ngô-Đình Nhu ainsi que Ngô- Đình Trác, assistent à un concert donné par les Jeunes du Mouvement Paramilitaire auquel appartient Lệ Thuỷ (Saigon 1963)

Madame Ngô-Đình Nhu en compagnie de son époux salue les membres du Mouvement Paramilitaire Féminin (Saigon 1963)

Ngô-Đình Nhu avec sa fille Lệ Quyên en treillis militaire (1963)

Lệ Thuỷ en tenue paramilitaire (debout).
A droite, son père, Ngô-Đình Nhu (1962 ou 1963)

A Rome, en octobre 1963, Madame Ngô-Đình Nhu et sa fille Lệ Thuỷ

Lệ Thuỷ (Rome, octobre 1963)

A Rome en octobre 1963

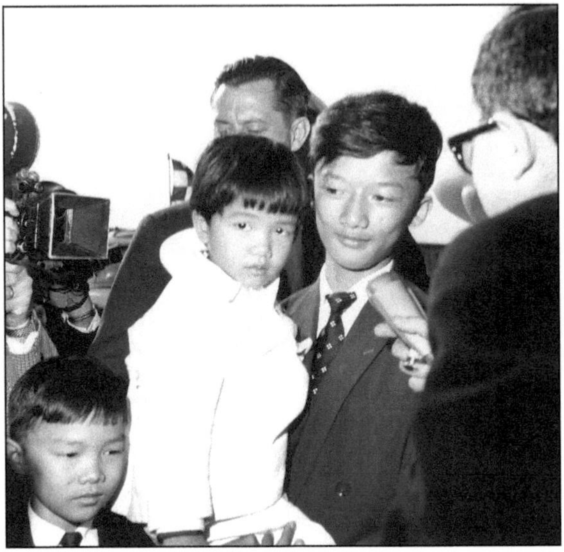

Après le coup d'état du 2 novembre 1963. A Rome, à l'aéroport de Fiumicino : arrivée de Ngô- Đình Trác portant sa sœur Lệ Quyên, près de lui son frère Ngô-Đình Quỳnh (Novembre 1963)

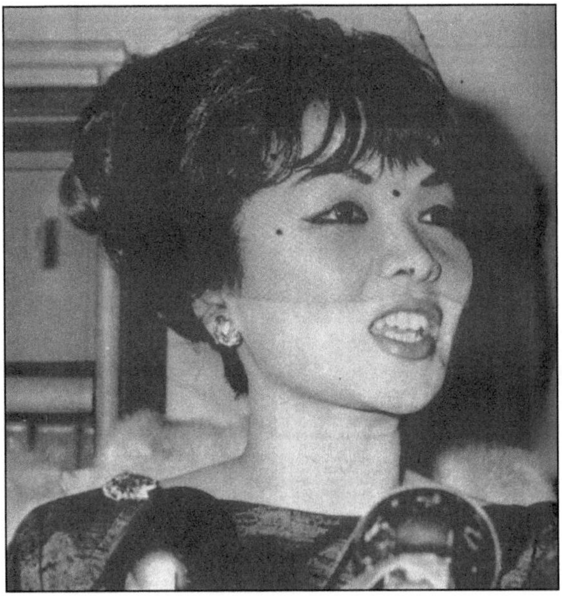

Madame Ngô-Đình Nhu en 1963

Introduction aux mémoires posthumes de Madame Ngô-Đình-Nhu

Un récit étrange.

A découvrir sans doute en dehors de nos conformismes de lecture.

Le récit d'une vie qu'éclairent les lueurs d'une mort prochaine.

Lueurs bienveillantes puisqu'elles ont permis à un être peu porté à l'introspection d'avoir, soudain, accès à ce qui aura fait le mystère de sa vie.

Cela, donc, juste avant de mourir.

Un mystère qui l'aura sans cesse exposé et en même temps protégé, comme une fine cotte de mailles protège celui que le destin a mis sur une voie brillante et blessante, dotée de peu d'appuis.

Un destin, une mission, la main de Dieu dans cette vie comme dans la nôtre. Une trajectoire qui rejoint le nécessaire et difficile salut du monde.

C'est le récit de la vie de Trần-Lệ-Xuân, mondialement connue sous le nom de *Madame Nhu*.

Belle-sœur du Président du Viêt-Nam, par son mariage avec son frère de prédilection Ngô-Đình Nhu, elle devint la Première Dame du Việt-Nam car le Président était célibataire.

C'est à ce titre qu'elle avait entrepris un vaste tour du monde pour représenter et défendre son pays. Elle tentait de rendre visible aux yeux du monde ce néo impérialisme américain qui voulait s'imposer à tout prix à la République du Việt-Nam alors en place sous l'autorité légitime de son Président, Ngô-Đình Diệm.

Sous couvert de l'aider dans sa lutte contre le communisme promu par Hô-Chí-Mình, l'Amérique menait le jeu à sa façon, se comportant comme l'avait déjà fait, en vain, son prédécesseur, la France, lorsqu'elle tenait encore à son empire colonial.

La classe politique fut confrontée à l'extraordinaire vitalité, l'éclat d'un être doué d'un esprit subtil, rapide et dont la force de frappe pouvait être incroyable.

La presse américaine, hostile mais pourtant subjuguée, alla même jusqu'à attribuer à *Madame Nhu* le qualificatif de *Dragon Lady*.

Elle était si sûre du flamboyant destin de son pays.

Certitude qui ne l'a jamais quittée même dans les mauvais jours et qu'elle veut nous transmettre aujourd'hui.

C'était un être « responsable », un être qui affrontait courageusement une situation politique d'une terrifiante complexité. Ses antennes déployées donnaient à son instinct de survie une stupéfiante présence aux situations que son pays traversait, contré sans cesse dans ses aspirations légitimes de liberté et de souveraineté.

Ses nombreuses conférences de presse révélèrent une femme brillante et déterminée. Elle savait tenir les journalistes à distance par cette incroyable finesse de perception qui pouvait réagir de façon tranchante ou rebondir avec un humour amusé, parfois moqueur. Tout ceci soudé par cette force indomptable que donne la certitude de se battre légitimement pour son pays.

Elle se sortait jamais épuisée de ces débats qui cherchaient pourtant à l'abattre. Ses adversaires, médusés, séduits par son charme félin indiciblement fascinant, n'avaient plus qu'à s'incliner et à tenter de sauver la face dans les comptes-rendus qu'ils feraient des interviews consentis.

N'étaient-ils pas maîtres de la presse et donc du jeu.

On ne peut comprendre son existence sans la replacer dans le contexte qui fut le sien, un Việt-Nam aux prises avec les grandes puissances enfermées dans leurs obsessions stratégiques, qu'il s'agisse de la France, de la Russie, de la Chine et enfin, des Etats-Unis d'Amérique.

Madame Nhu, accompagnée de la radieuse beauté de sa fille aîné, Lệ Thuỷ alors âgée de dix-huit ans, a donc tenté dans une campagne mondiale d'information de dévoiler la réalité vietnamienne.

Son voyage dans les grandes capitales étrangères où elle fut reçue au cours de l'année 1963, s'interrompit tragiquement le 2 novembre 1963. C'est ce jour-là, en pleine conférence de presse à Los Angeles, aux USA, qu'on lui fit savoir sans le moindre ménagement que le Président du Việt-Nam ainsi que son mari avaient péri lors d'un coup d'Etat militaire.

Le décalage qu'il pouvait y avoir – et qui existe encore de nos jours - entre un pays qui aspire à recouvrer sa liberté, sa souveraineté, et les grandes puissances qui veulent la lui concéder à leurs conditions, s'est manifesté de façon fracassante.

Madame Nhu fut réduite à l'exil avec ses quatre enfants.

Le Viêt-Nam sombra dans le chaos.

Il est maintenant établi que ce ne sont pas des opposants au Président Ngô-Đình Diệm qui fomentèrent d'eux-mêmes, et seuls, le putsch qui lui coûta la vie ainsi qu'à tant d'autres Vietnamiens, boat-people ou autres. Des opposants, il y en a toujours. Mais les services secrets et les intérêts des grandes puissances concernées étaient à la manœuvre. Ils purent facilement se dissimuler sous les traits de Vietnamiens, bonzes ou pas, faciles à manipuler, perdus qu'ils étaient sur ce terrain, leur propre pays pourtant, effroyablement miné par les jeux politiciens de forces étrangères qui se croyaient puissantes et furent dépassées par les évènements.

Madame Nhu verra un signe immanent de la Justice de Dieu lorsqu'au double assassinat du Président Ngô-Đình Diệm et de son frère Ngô-Đình Nhu répondra le double assassinat des deux frères Kennedy : d'abord celui du Président des U.S.A, John Kennedy, le 22 novembre 1963 (vingt jours après l'assassinat du Président Ngô-Đình Diệm) et celui de son frère Robert Kennedy, assassiné le 5 juin 1968 alors qu'il était en pleine campagne électorale pour la présidence des Etats-Unis.

Comme tout Vietnamien, elle était sensible aux symboles, aux dates et c'est au jour très solennel de la fête de Pâques, en ce dimanche où la chrétienté célèbre la résurrection de Jésus-Christ, c'est ce jour-là que Trần-Lệ Xuân, *Madame Nhu*, a cessé de vivre, le 24 avril 2011, à deux heures du matin.

Après quarante huit années d'exil vécues tantôt à Paris, tantôt à Rome où elle mourut.

Sa fille Ngô-Đình Lệ Quyên mourut accidentellement l'année suivante, le lundi 16 avril 2012, au matin.

Chargée à la Caritas, sur le plan italien et européen, de concevoir les outils et les procédures d'accueil et d'intégration des réfugiés, Ngô-Đình Lệ Quyên était également présidente de la Section italienne et vice présidente de la Section Internationale de l'AWR[23] accréditée auprès de l'ONU et du Conseil de l'Europe. Pour son sens de l'intérêt de l'Etat et les éminents services rendus à l'Italie, la citoyenneté d'honneur lui fut décernée le 24 avril 2008 par décret du Président de la République sur proposition du ministre de l'Intérieur.

C'est grâce à son insistance et à celle de son mari, Olindo Borsoï, que Madame Ngô-Đình Nhu consentit enfin à écrire ses Mémoires et y consacra les derniers mois de sa vie.

* * *

23 Association pour l'Etude du Problème Mondial des Réfugiés.

« Le Caillou Blanc »

Mémoires posthumes de Madame Ngô-Đình Nhu

« Celui qui a des oreilles, qu'il entende ce que l'Esprit dit aux Eglises : au vainqueur, je donnerai de la manne cachée et je lui donnerai aussi un caillou blanc, un caillou portant gravé *un nom nouveau* que nul ne connait, hormis celui qui le reçoit. »

Apocalypse 2, 17

« Celui qui est le plus petit parmi vous tous, c'est celui-là qui est grand. »

Evangile selon saint Luc 9, 48

CHAPITRE 1

La Logique de la Prédestination

Ne rien savoir, au préalable, de sa vie et la vivre jusqu'à la fin, sans possibilité d'en rien changer. Et découvrir, au bout de ce long parcours, qu'en définitive on n'aurait rien voulu vivre d'autre.

Malgré le prix payé.

Ce que les deux plus jeunes et fringants Apôtres du Christ, Jacques et Jean - et leur mère - voulaient obtenir en récompense de leur vie consacrée à Dieu, a vraiment de quoi nous sidérer.

Je rappelle l'Evangile, et la revendication des deux Apôtres:

– « Accorde-nous de siéger, l'un à ta droite et l'autre à ta gauche, dans ta gloire ».

Jésus leur dit:

– « Vous ne savez pas ce que vous demandez. »

Pourraient-ils supporter ce que Lui-même aura à souffrir ?

La réponse fut catégorique:

– « Nous le pouvons ».

Jésus leur confirme qu'effectivement, ils le pourront.

Quant à la gloire attachée : « Il ne m'appartient pas de l'accorder, il y a ceux pour qui ces places sont préparées. » (Mc.10, 40).

A la fin de ma vie, après un demi-siècle de silence, et par simple esprit de devoir, je relate ce qui doit être su.

Il s'agit du salut de tous. Il ne s'agit pas de satisfaire une quelconque curiosité, mais de répondre à ce que la prédestination du « tout petit » du Seigneur exige, dans le temps qui est le sien.

Je me donne à ce livre, s'il m'est permis de le finir, pour mieux faire comprendre les exigences d'une longue vie de prédestiné qui reconnaît n'avoir jamais agi contre sa volonté propre mais au contraire toujours comme s'il l'avait voulu.

Comment ai-je pu ainsi me laisser conduire alors que je n'ai jamais été menée par le désir consumant des Apôtres Jacques et Jean : partager personnellement la Gloire du Christ ? Tout simplement parce que l'idée d'une telle Gloire n'a aucun sens pour une créature qui n'appartient à son Sauveur que par l'Amour accordé.

Cette Gloire qu'ils convoitaient est donc l'indice d'une simplicité particulière. Le Christ les avait choisis pour cela, en priorité, et avait ainsi aimé Jean plus que les autres.

Dieu est Amour, ceux qui Le suivent y pénètrent et aboutissent à Sa Gloire, naturellement. Il n'y a donc finalement rien de spécial dans ce que demandent Jacques et Jean.

Le prédestiné « tout petit » n'est que viscéralement attaché à son Sauveur, ne serait-ce qu'à Sa main dont il ne saurait se détacher. Il n'a aucune idée de ce qu'est la « Gloire » demandée par les Apôtres Jacques et Jean. Il ne peut faire davantage qu'aller au mieux de ce qui lui est demandé, pour éviter que le pire n'advienne à tous.

Que vouloir de plus ?

Par son attachement physique à Dieu, le prédestiné apporte à son Sauveur une contribution qu'Il ne saurait avoir autrement. L'humain de la créature sert son Créateur, au moment décisif.

C'est bien la seule logique de la prédestination.

Ceci compris, on saisira mieux le sens de ce qu'il m'est permis d'appeler « ma vie de prédestiné tout petit ». Sa particularité unique me frappa d'une soudaine et terrible révélation : le Christ.

Porteur de ce qu'Il détient pour tous, Il permet à Sa créature, dès sa propre conception, et dès le début des temps, de mériter de détenir ce qui lui permettra, à la fin, d'apporter sa contribution. Ainsi, ce qui appartient à la Création revient à son Créateur pour le plein et ultime accomplissement de notre Humanité.

Si je me permets d'en parler aussi simplement, c'est que pour moi-même, je ne sais quelle autre explication donner à ce qui m'est venu d'En haut. Ce qui relève de la fin, toute proche, je le comprends, peu à peu, au bout d'une existence au cours de laquelle je ne me posais pas tant de questions.

En soudaine clarté, la fin se présentera selon la logique de la prédestination que j'aurais ainsi à définir, sans être sûre de rien.

La fin ?

Je ne me souviens pas avoir jamais cherché à m'accrocher à quoi que ce soit.

Si j'ai pu être combative sur les positions qu'il m'a fallu défendre, dans mon for intérieur j'ai toujours tout accepté placidement sans avoir jamais tenu à rien.

C'est donc pour moi-même, par curiosité personnelle pour ce que je découvre de ma longue vie, que j'essaie de me rappeler le cheminement qui fut le mien.

Je dois reconnaître qu'ayant été mystérieusement guidée, de bout en bout, il m'a fallu, pour mieux comprendre les dernières phases d'un tout qui nous concerne tous et chacun, m'ouvrir tout naturellement à la réponse due au prédestiné « tout petit ».

Seule cette réponse peut briser ce qui sépare les êtres humains depuis la Création jusqu'à son accomplissement. Elle révèlera ce lien qui les unit et qui a permis au Christ Son total et parfait accomplissement en faveur de l'absolue liberté que le Créateur nous a permise.

Le monde comprendra alors l'incroyable perte de temps et d'énergie que l'homme met dans sa recherche du bonheur sur terre, alors qu'il détient l'essentiel en lui-même s'il sait d'abord, tout naturellement et avec l'aide de son Sauveur, ne pas se couper de ses propres racines.

Racines qui le nourrissent au cours de son apprentissage de la vie.

Si l'homme se réduit à lui-même, il ne peut plus compter que sur ses limites, celles de son ignorance de la Vérité quant à son Créateur.

Entravée par ses limites, l'humanité en vient à accomplir des horreurs comme celles qui furent infligées aux miens et au Việt-Nam.

L'humanité doit s'ouvrir pour se libérer de ses limites.

Le risque, très lourd pour nous tous, est dans notre fermeture à Dieu.

Ce temps vient où le vrai choix est enfin ouvert à tout un chacun.

La Création arrive au temps de sa raison d'être, aussi doit-on être prêt à la recevoir. Nous y avons notre part puisque Dieu attend cette Création dans l'union du « Ciel et de la Terre ».

Ce livre révèle à tous le long cheminement de ce prédestiné « tout petit » du Seigneur qui ne fut, en aucune façon, forcé de prendre la voie qu'il avait choisie.

Ainsi peut-on s'instruire par soi-même avec les éléments mis à sa portée et agir de même, en prédestiné, pour le mieux et non pour le sacrifice nécessaire à ce mieux.

S'il en a été ainsi pour le prédestiné « tout petit », c'est pour qu'il en dévoile les voies à ceux de la fin. Ils ont le choix des voies pour arriver à ce que les Apôtres Jacques et Jean découvrirent et qui m'échut aussi, dans ma propre voie.

Une voie de douleur.

La main du Saint-Sauveur ne m'a pas manqué pour m'assurer une compréhension profonde des choses et pas seulement le souffle vital.

Tout se précisa au fur et à mesure et dans la plus grande simplicité.

Nous étions à la fin d'une époque, celle d'un colonialisme qui n'arrivait pas à comprendre ses limites ni les moyens d'en sortir, déjà avec le Việt-Nam. Pour y pénétrer, mon cheminement n'eut pas d'autre soutien que celui de mon milieu et il ne m'offrit guère que le minimum auquel je pouvais prétendre. Simple cadette de la famille, je fus vraiment mise de côté et laissée à moi-même.

Je suis née à Hà-Nội le 22 août 1924 et mon arrivée au monde fut des plus singulières.

Tout d'abord la personne qui présida à ma naissance n'était pas une femme comme c'en était alors l'usage. Ce fut un homme, un docteur français. Véritable don de la providence, il fit pour moi ce que n'aurait pas fait la traditionnelle accoucheuse vietnamienne qui m'aurait, paraît-il, laissée comme j'étais venue, silencieuse et inerte dans mon refus de cette vie qui venait à ma rencontre.

L'accoucheur étranger, appelé pour la première fois par une femme vietnamienne, se saisit de moi par les pieds et me fessa vigoureusement jusqu'à mes premiers cris de protestation.

Voilà comment, de force, je suis entrée dans la vie qui allait être la mienne.

Je fus accueillie par l'immense déception de ma mère. Une seconde fille !

Elle ne s'en cacha pas.

Elle espérait un fils, seul capable de la délivrer des menaces incommensurables qui pesaient alors sur elle, celles que sa belle-mère mijotait, pour s'assurer la pleine domination sur son fils aîné, le premier à se créer une famille. Elle tenait à le garder sous sa coupe.

Parmi ces menaces, figurait avant tout celle de lui donner une seconde épouse puisque la première s'avérait incapable de lui assurer un fils aîné. Les prétextes oiseux faisaient bien leur office dans une société où la polygamie était alors couramment pratiquée. Ma mère la redoutait assez pour aller vivre son second accouchement dans la maison que son propre père lui avait confiée avant de décéder.

Il valait mieux alors naître garçon que fille et surtout avoir un bon horoscope à la naissance pour ne pas partir dans la vie avec un trop lourd handicap. Mon handicap fut colossal, aggravé par un horoscope hors norme qui me marquait du sceau de l'indépendance.

Mon horoscope se résumait ainsi selon les « infaillibles sages » de la famille qui le révélèrent à ma mère : « Son étoile insurpassable dépasse même l'imaginable. » Face aux questions suscitées par un tel oracle, l'astrologue rappela à ma mère ce qui lui avait été dit pour sa fille aînée : « Que le destin de votre aînée s'élève ou s'abaisse, il en sera de même pour vous. Pour votre seconde fille, elle a son propre destin. »

Dès lors, je fus regardée avec suspicion par ma mère.

Ma mère eut enfin un fils. Dans ma famille, j'étais la cadette. Au-dessus de moi était ma sœur aînée, avec ses prérogatives propres. Au-dessous était mon frère. Il était plus jeune que moi, mais sa qualité de premier mâle de la lignée lui valait des égards supérieurs aux miens. Telles étaient les règles confucéennes pratiquées.

Cette hiérarchie s'imposait à notre personnel de maison. Le statut des petits maîtres se répercutait sur leurs domestiques qui se l'appliquaient entre eux. Cela souriait d'autant moins à ma nourrice que, lettrée, elle était seule de son rang à savoir lire l'ancienne littérature pendant qu'elle me donnait la tétée. En dehors de ces moments, elle me négligeait donc et j'étais livrée aux autres domestiques qui se distrayaient avec moi comme avec un simple jouet.

Ma mère avait tout pour elle mais elle avait aussi son propre handicap, celui d'avoir une belle-mère très cultivée qui était bien décidée à ne pas s'en laisser imposer par sa première bru, pourtant fille de la Princesse impériale d'alors et de l'unique Grand Censeur impérial de l'Histoire du Việt-Nam. Mon grand-père paternel, à Nam-Định, avait été le Chef de la plus grande et la plus importante province du nord du pays.

Avant d'aller au Sud où il s'installa comme premier avocat vietnamien, mon père tint à rester un temps avec sa mère dont il était l'aîné chérissime. Il était le seul être devant qui elle s'inclinait très sérieusement mais il ne put en rien modifier ce qu'elle était.

Lorsque mes parents durent prendre la longue route du sud pour y vivre leur nouvelle vie, ma mère fut contrainte de laisser à sa belle-mère un de ses trois enfants en témoignage de sa promotion familiale de grand-mère car nous étions ses premiers petits enfants.

Il n'y eut pas d'hésitation, c'est moi que ma mère laissa derrière elle.

Elle emporta son nouveau-né, le fils unique si indispensable pour consolider sa position dans sa nouvelle famille et ma sœur aînée qui avait déjà deux ans. J'étais une toute petite enfant d'à peine plus d'un an.

Ma grand-mère fit ce qu'elle voulut de ma nourrice avec qui j'avais été abandonnée.

Je fus élevée sans discernement, passant mon temps avec les jardiniers, des prisonniers de droit commun condamnés pour de petites infractions. Ils servaient mon grand-père et s'occupaient aussi bien du potager que de la volaille. Ils me baignaient volontiers avec leurs bêtes.

Au bout d'un an, je tombai gravement malade.

Alors que j'étais déjà mourante, mes parents alertés revinrent en grande hâte. Voyant mon état pitoyable, ma mère me serra alors contre elle. Me couvant dans ses bras, elle ne me lâcha plus pendant dix jours jusqu'à ce que je parusse retrouver la vie. Ces dix jours attestent que le fond de ma résistance physique était toujours là malgré l'apparence d'une constitution chétive qui ne me permettait pas de rester assise alors que j'avais déjà près de deux ans.

Pour ma mère, me tenir ainsi contre elle, c'était aussi la seule manière qui lui était permise d'exprimer ses justes reproches à sa belle-mère.

Cela étant, curieusement, ma mère, dépourvue semble-t-il de tout instinct maternel, ne sembla pas vraiment me reconnaître. Elle se demanda si un autre enfant n'avait pas été substitué au sien pour rabattre la morgue naturelle d'une belle-mère arrogante.

Ce doute redoutable, quoiqu'entretenu avec discrétion, fit de moi une chose gênante. Et ce doute morbide entretenait un litige latent entre ma mère et sa belle-mère, ma grand-mère paternelle.

L'enfant que j'étais dut grandir avec ce point d'interrogation ainsi fabriqué de toute pièce. Pourtant, des trois enfants, j'étais la seule à présenter une ressemblance physique avec ma mère.

Je ne fus plus laissée derrière, depuis. Mon sort ne s'améliora pas pour autant, mon statut restait inférieur à celui de ma sœur et de mon frère. A moi revenaient les corvées comme celle de veiller à l'intendance de la domesticité.

Voilà comment, cahin-caha, je pris ma place au sein des miens, exposée au rejet fraternel dès la moindre dispute : « Tu n'es que la fille de la nourrice ! » Affirmation que je finis par faire mienne pour assurer mon indépendance et défier en retour les miens qui ne surent plus que dire.

Je sentais que mon père était de mon côté mais je découvris alors cette particularité propre à l'homme qui le pousse à ménager sa tranquillité plutôt qu'à prendre parti contre la majorité des siens.

Sans appui véritable, je restai comme étrangère à ma famille, vivant en spectatrice, si l'on peut dire. Ma première enfance ne fut donc guère heureuse et cela ne s'arrangea pas en grandissant.

Dans ma quatrième année, juchée sur ma chaise haute, j'appris le vietnamien en caractères romains. J'aimais aussi reproduire, par transparence, les caractères vietnamiens anciens. Face à moi, son amie de jeu préférée qui devenait ainsi studieuse, mon frère était furieux d'être traité encore en bébé.

Un jour, particulièrement irrité d'avoir perdu sa compagne de jeux, il m'arracha de la main mon porte-plume pour me le lancer à la tête. Quoique fermée, ma fontanelle n'en reçut pas moins la plume, qui s'y ficha, bien droite ! Effaré, le Maître, un Ancien en turban qui avait la particularité d'avoir deux doigts de sa main droite collés de naissance, ne put faire autre chose que de me regarder car je l'empêchai de retirer la plume. Je devinai l'horreur de ce spectacle à son expression et à celle de mon frère. Mais l'occasion était trop belle et je ne la perdis pas. Descendant de ma chaise haute avec précaution, je montai à pas comptés l'escalier pour aller montrer à notre mère le drame qui m'était advenu. Car c'en était un. La plume ne tomba pas. Mais ce qui épouvanta surtout ma mère, ce fut cette détermination que j'eus, malgré mon âge si tendre, à conserver la « pièce à conviction » du geste de mon frère. Toute la famille ressentit le même traumatisme. Bref, désormais, je devins « Intouchable ».

Plus tard, mon frère pleura à chaudes larmes lorsqu'à cinq ans - âge exceptionnellement jeune pour devenir pensionnaire – je partis pour Saigon avec ma sœur aînée.

En voiture, sur le chemin du retour à Bạc-Liu, mes parents s'étonnèrent devant son long écoulement lacrymal. Mais lui ne pouvait que faire cette réponse devenue « historique » : « Con nhớ mấy chị ! » (Je me souviens de mes grandes sœurs). Epilogue touchant dont les siens se souviennent pour l'avoir assez entendu, car mon frère avait une réelle prédilection pour moi.

Si je retenais peu l'attention affectueuse des miens, il n'en était pas de même pour ceux qui étaient extérieurs à notre maison. C'est à moi qu'amis ou relations de passage remettaient plus volontiers leur cadeau de départ. Cadeau qui s'avérait vite néfaste et suscitait maintes attaques. S'il s'agissait d'une poupée, elle perdait bien vite ses yeux ou ses cheveux.

Il en était de même lorsque nous nous installions en famille, près de l'écluse, pour observer tout à loisir le pont tournant pivoter sur lui-même. Nos voisins ou les passants s'arrêtaient pour m'adresser la parole. Pourquoi à moi ? Qu'avais-je pour retenir ainsi leur attention ?

Un prêtre français, à la barbe descendant jusqu'au nombril, s'arrêtait chaque fois pour me caresser la tête et discrètement la bénir. Il nous scandalisait, car la tête, celle de l'enfant en particulier, est sacrée. Elle est le Siège du mystérieux Thượng-Đế, le Tout-Puissant inconnu qui trône au-dessus de tout.

A six ans, je me distinguais déjà dans mes cours de danse ou de piano. Ma particularité tenait en mon naturel. Je n'en tirais pas avantage. Je l'observe avec le recul du temps. Il était difficile de me jalouser. Le professeur de piano pouvait préférer d'autres élèves à moi-même, c'était son affaire et cela ne m'impressionnait aucunement. Ne lui donnant aucun pouvoir sur moi, il ne pouvait rien contre moi. Je prenais tout avec simplicité. Il en était de même lorsque je dansais sur scène.

Etait-ce parce que je ne me rendais pas compte de la situation dans laquelle j'évoluais ou parce que cela m'était égal ?

Rien de tel, je voyais bien la vérité, mais qu'y pouvais-je ?

J'avais appris à accepter tranquillement les faits. Et je m'y tenais. Rien de plus. N'ayant jamais été autre que moi-même durant toute ma vie, je me suis toujours abandonnée à ma nature, retirée, distante. C'était tout ce que je pouvais faire.

Plus tard, quand je dus faire face aux foules ou aux assemblées politiques, je disparaissais aussitôt le devoir accompli. Par ma nature réservée, personne ne pouvait se sentir attaqué. Grâce à cela, je préservais la paix qui m'était due puisque personne ne se sentait agressée par ma présence.

Ceci dura jusqu'à la confrontation avec l'Occident, colonisateur et impérialiste, campé sur son quant-à-soi bien particulier.

Le face-à-face exigeait le respect de l'autre. Ce ne fut pas toujours le cas. Cependant, sans aller jusqu'à l'attaque frontale, je m'en tirais sans autre problème que l'incompréhension ou la mauvaise foi de l'autre.

Après avoir donné à mon grand-père, l'unique Grand Censeur Impérial de l'histoire du Việt-Nam, quatre garçons et deux filles, ma grand-mère maternelle dont la vue avait baissé se faisait lire chaque jour les œuvres vietnamiennes de son choix mais aussi des œuvres classiques étrangères traduites en vietnamien.

Elle considéra avoir assez rempli ses devoirs d'épouse pour tenir à sa liberté de femme jusqu'à mettre un traversin sur le lit matrimonial entre elle et son époux après lui avoir présenté une autre femme pour seconde épouse. Il en eut sept enfants. Pour éviter toutefois que cette seconde épouse ait trop de pouvoir sur l'époux commun, elle lui présenta une troisième épouse, de son choix bien entendu. Tout ce monde fut tout-à-fait discipliné, chacun s'occupant de son domaine sans chercher à empiéter sur celui de l'autre. Je m'entendais ainsi parfaitement bien avec une de mes tantes, une des filles de la troisième épouse de mon grand-père. Elle m'aidera énormément par la suite lorsque je demeurerai à Đà-Lạt, dans les montagnes ou plutôt sur les hauts-plateaux où je vivrai seule la plupart du temps avec mes deux premiers enfants et un mari presque toujours absent.

Les années passant, mon père devint l'avocat le plus renommé du pays.

Notre mode de vie, alliant le « sang » (prononcer shaang), ce luxe discret particulier au Việt-Nam, à la vie moderne occidentale, devint une référence autour de nous qui habitions le plus bel hôtel particulier de Hanoi[24].

Mes parents qui aimaient ce qui est beau avaient à cœur de soutenir l'artisanat national. Le fond du jardin devint ainsi un petit atelier pour les œuvres auxquelles ils s'intéressaient. Ces objets d'art furent détruits, comme tout ce qui sortait de l'ordinaire, lorsque les communistes prirent le dessus.

Le confort très luxueux de mon existence ne me rendait pas plus heureuse. Les différences demeuraient toujours aussi

---

24 Par la suite, cet hôtel particulier servit d'ambassade pour divers pays avant d'être rasé jusqu'au sol par les communistes.

grandes entre ma sœur aînée, mon petit frère, l'héritier, et moi-même. Elles éclataient inévitablement en toute occasion, comme celle de ma place dans la voiture familiale. A moi, le strapontin ! Ma sœur se plaçait entre mes parents, mon frère s'asseyait à côté du chauffeur.

Enfin, je quittai l'enfance.

Le jour de ma dix-septième année, ma mère me confia le soin de composer des bouquets pour une réception qu'elle donnait le soir même. Ayant toujours raffolé des fleurs, je m'acquittai avec joie de cette course. En route, je rencontrai des amies de ma classe qui m'entrainèrent avec elles pour aller prendre une crème glacée. Je ne vis pas le temps passer et c'est en toute hâte qu'il me fallut courir chez le fleuriste. Je choisis tout ce qu'il y avait de plus beau et en remplis mon coolie-pousse puis rentrai précipitamment à la maison. En chemin, je croisai un homme élégant, beau, qui me sourit en me voyant ainsi entourée de fleurs. A peine rentrée à la maison, la sonnette retentit. Je me rendis spontanément à la porte pour l'ouvrir et me trouvai nez à nez avec notre invité, ponctuellement à l'heure ! Justement cet homme qui m'avait croisée en chemin. Il s'agissait de Ngô-Đình Nhu dont j'avais déjà entendu parler car il était d'une prestigieuse famille de Huế bien connue de ma mère, elle-même native de cette ville. Paniquée par mon retard, je n'eus d'autre ressource que de le pousser dans un petit salon obscur en le priant de bien vouloir attendre que j'aie fini d'arranger mes bouquets. Il s'y prêta avec une grâce souriante. Ma mère ne m'aurait jamais pardonnée si elle avait dû recevoir son invité sans aucune parure florale dans son salon. Je dressai mes fleurs dans de beaux vases et lorsque tout fut prêt, j'introduisis notre invité au salon en prévenant mes parents de son arrivée. Quant à moi, je me dépêchai de me préparer pour être à la hauteur de l'évènement. Lorsqu'au salon, je retrouvai cet homme au charme si vif et délicat, une complicité joyeuse s'était déjà installée entre nous. Il me regardait d'un air très amusé. Pour me faire plaisir, il prit l'habitude de m'envoyer quelques livres que je lui commentais dans mes lettres de remerciement. Il y répondait toujours. Il m'appelait sa « Madame de Sévigné » car mes lettres étaient longues et très vivantes. Nous apprîmes ainsi à nous connaître. Ma mère appréciait beaucoup cet homme fin et lettré. Un jour, un de ses frères aînés, Ngô-Đình Diệm, arriva à la maison avec une immense gerbe de dahlias. Selon le rituel traditionnel, remplaçant le père défunt, il demanda au nom de son frère ma main à mes parents. Elle lui fut accordée.

Après mon mariage qui eut lieu le 30 avril 1943, le lendemain même de mon baptême, je laissai ma famille en emmenant ma nourrice. Elle était avec moi depuis ma toute petite enfance. J'étais si pressée de quitter ma famille où je n'avais guère été heureuse que j'avais retiré mes escarpins pour courir plus vite vers mon époux qui m'attendait dans la voiture.

Mon statut familial changea du tout au tout. Dans mon nouveau milieu, je ne serai plus la petite dernière car, bien que cadet, mon mari tiendra le rôle de l'aîné lorsque celui-ci disparaîtra[25].

Hélas, je perdis ma nourrice. Elle avait l'habitude de s'asseoir silencieusement à mes pieds quand, de retour du lycée, je faisais mes devoirs. Après mon mariage, il n'était plus question pour elle de conserver cette habitude ni même en l'absence de mon mari quand je me trouvais seule.

Un jour elle crut sentir que je n'avais plus le même besoin d'elle et cela lui suffit pour se décider à me quitter.

Sur le moment je fus inconsciente de la perte inestimable de cette présence qui se tenait dans mon ombre depuis si longtemps. Il me fallut la guerre et la déportation avec tout ce qui s'ensuivit pour m'en rendre compte. En mon for intérieur, je n'ai cessé de regretter cette compagnie réconfortante. Mais l'inconscience est le propre de celui qui nait dans un certain

---

25 Selon les règles confucéennes un fils marié avec des enfants a la préséance sur ses aînés non mariés et sans enfants, car ce sont les enfants qui assureront la continuation du Culte des Ancêtres.

milieu et ne sent plus l'importance des choses qui font partie de sa vie… jusqu'à ce qu'elles s'évanouissent. Ce qui m'arriva sera regret et remords de n'avoir pas su garder les gâteries du Ciel à cause de cette étrange placidité que j'aurai à déplorer toute ma vie car elle ne m'incitait pas à réagir.

J'ai réalisé trop tard ce que je perdis en laissant s'éloigner celle qui avait toujours été à mes côtés depuis mon enfance et grâce à qui j'apprenais ces choses de la vie que je n'aurais pas sues autrement.

Je me fis peu à peu et agréablement à ma nouvelle vie. Je finis par être sensible à cette magie particulière qui émane de ce que représente le Nam-Giao, au Centre du pays, près de Huế. Cette montagne, ce lieu sacré unique au monde, symbolise l'attente par tout un peuple d'un Dieu Tout-Puissant inconnu.

S'il veut bénéficier de ce que le Ciel a permis, le monde doit accorder tout son respect à l'Esprit de ce peuple capable d'attendre ainsi un Dieu qui lui est pourtant inconnu.

Au Việt-Nam, ou ailleurs, j'eus l'occasion de découvrir les endroits que je désirais connaître, ceci chaque année, pendant la décennie où je fis le tour du monde, dans un sens ou dans un autre. Dans mes multiples voyages, je ne sais combien de fois j'ai vu et visité les lieux les plus célèbres pour tenter de comprendre les centres d'intérêt que l'homme en général et les habitants en particulier y trouvaient. Aucun ne m'apporta jamais cette même et intense sensation de spiritualité qui me ravissait au Nam-Giao.

De lui-même, le Việt-Nam s'était mis au niveau de la bénédiction de Moïse. Oui, de lui-même, par le fruit d'une découverte simplement humaine.

Avant de mourir, Moïse, le Prophète des Prophètes, avait prononcé son ultime bénédiction :

« Toi qui aimes les ancêtres,
Tous les saints sont dans ta main.
Ils étaient prostrés à tes pieds
Et ils ont couru sous ta conduite. »

Deutéronome, 33,3[26]

Or qui mérite cette bénédiction inspirée sinon le Việt-Nam ?

Par nature, il est le premier, à la suite de son premier sage, Confucius, à avoir choisi le Plus et le Mieux, et donc la Vertu pour l'édification de sa société humaine.

Car il fallait être habité par l'Amour, le Seigneur Tout-Puissant, pour avoir su, dès le début des temps, vénérer son prochain, même mort et réduit à cet état de cadavre à qui l'on ne doit plus rien, et y reconnaître sans tarder l'Ancêtre que le Vivant doit savoir vénérer, non comme Dieu, mais comme ce qui lui est nécessaire pour en tirer le Plus et le Mieux pour tous.

Le Culte des Ancêtres imprègne le tissu social vietnamien depuis toujours avec une constance et une intensité spirituelle qui ne se sont jamais démenties.

Par cette attitude, nous nous sommes mis de façon unique sous la bénédiction du prophète Moïse, sans pourtant le connaître, et nous nous sommes rendus capables d'offrir au Seigneur, au juste moment de notre conversion, ce qu'Il n'aurait pas pu avoir autrement : cette incroyable multitude d'âmes que nous aurons su vénérer depuis le commencement jusqu'à ce temps précis du présent.

Le Viêt-Nam, en vivant de la sorte et de tout temps selon l'ultime bénédiction de Moïse, a assuré à tous ses morts la juste vénération reconnue aux ancêtres. C'est donc par lui qu'est assuré à l'humanité entière le Juste nombre des « Saints » qui obtiendra l'union du « Ciel et de la Terre » des temps nouveaux.

---

[26] Ces versets sont tirés de la version de la Bible dite de Jérusalem.

La nature « prédestinée » de ce pays a été annoncée au monde par une blanche colombe, cet oiseau qui est la personnification de l'Esprit-Saint pour les chrétiens.

Le Việt-Nam l'appela « Việt-Điểu » (L'Oiseau Viet) lorsqu'il apparut à ses chefs dynastiques. Et au même moment ceux-ci entendirent dans leur cœur l'indication : « Nam-Tiến » (Vers le Sud) ce qui les orienta aussitôt vers la terre où il devait fonder leur civilisation.

N'était-ce pas déjà une colombe qui avait été le signe de la fin du déluge sur le monde et encore cette même colombe qui devait apparaître lors du baptême du Christ ? (Mt.3, 16).

De si uniques précédents ne pouvaient qu'annoncer un destin exceptionnel.

Les colonialistes, sous couvert de l'Eglise, ont cru pouvoir s'emparer de cette terre en véritables bandits. Mais à la Fin des temps, la Vérité se fait jour.

Je fus requise, avec insistance, de demander au Seigneur, notre droit, en juste temps.

Enfin, enfin, ce temps est arrivé.

Que dire. Sinon le comprendre, pour savoir en tirer ce que Dieu-Amour attend de Ses créatures.

J'ai évoqué plus haut le Centre où se trouve la ville de Huế qui était autrefois la capitale impériale. Cette cité splendide que même un Vietnamien, qu'il soit du nord ou du sud, connait peut-être à peine comme il m'a été permis de le découvrir. D'où ma reconnaissance au Seigneur pour avoir bien voulu me donner cette ouverture sur mes racines ancestrales. Sans elles, je peux dire que je n'aurais rien connu du vrai Việt-Nam.

Ce qui distingue particulièrement Huế, c'est d'avoir su exprimer de la manière la plus poétique son attente viscérale du mystérieux Thượng-Đế (Le Tout-Puissant) sans rien y mettre d'idolâtre.

De là, je ne peux que bénir l'intuition reçue d'En haut qui me conduit à réclamer au monde que l'inspiration qui nous fut accordée dans notre attente du « Thượng-Đế », soit honorée par la Sainte Eglise Catholique, comme il se doit. Ceci, en absolue réparation due à notre pays.

En se rangeant aux côtés d'un Occident conquérant, l'Eglise n'a fait que souligner et aggraver les terribles erreurs qu'il a commises contre le Việt-Nam auquel est précisément due la Réparation de la Sainte Eglise.

Je ne saurais insister davantage sur cela, qui m'a été justement, logiquement et surtout généreusement rappelé d'En haut, comme la seule plus prompte et même urgente réponse possible dans le temps requis. Et pour le mieux de tous !

Le savoir me permet de tout diriger dans le sens voulu par Dieu et de prévenir l'inutile.

Quel en sera le Prix ?

Cette question n'a jamais fait partie de mes préoccupations il ne m'appartient pas de m'en inquiéter. Savoir ce que j'ai à faire me suffit, ainsi je ne risque pas de me laisser entraîner par ce qui peut me dépasser. Je ne risque pas non plus de m'immobiliser un temps indéterminé dans l'attente d'une réponse à mon attente. Pas d'impatience donc.

Il m'a fallu plus d'un demi-siècle pour enfin donner de la voix. En savoir davantage sert surtout le Propos divin car ma naturelle tranquillité d'esprit ne cherche pas à connaître le résultat.

La Prédestination ne se meut pas selon le résultat immédiat. Elle en reste l'instrument quelle qu'en soit l'apparence. Sa logique sert le Seigneur en Ses vues qui ne sauraient qu'être victorieuses quelle qu'en soit l'échéance. D'où la lassitude quand le temps pèse au prédestiné « tout petit » qui a, certes, un droit de regard sur son destin.

Et maintenant qu'ajouter, sinon exhorter - que dis-je- supplier ceux qui tomberont sur ces lignes, de ne pas désespérer alors que justement l'heure est proche où tout est, enfin, entre nos mains.

Le Seigneur sait.

Aussi ne peut-Il que permettre et soutenir ce qui doit l'être, afin que triomphe enfin ce qui est nécessaire au bonheur infini de tous. C'est la raison pour laquelle le prédestiné « tout petit » y tient plus que quiconque, d'autant que son chemin de croix arrive à sa fin.

Que peut-on attendre d'une telle vie tant qu'elle n'est pas conclue ?

Avancer dans la voie qui est la sienne, prendre la décision qui se justifie sans chercher à l'imposer et sans même en attendre le résultat. Puis passer à autre chose, comme si les conséquences ne pouvaient que suivre leur cours, sans plus vous intéresser. On paraît alors détaché et même indifférent. Ce n'est pas le cas, quoi qu'il en paraisse.

Maintenant, je sais que de toutes façons et pour le temps qui me reste, il me faut rappeler les faits, personnels et autres, de cette vie unique de prédestination d'un « tout petit » qui ne savait strictement rien de ce qui lui était propre, depuis toujours. Evocation utile, ne serait-ce que pour mieux saisir les contours et les détails de cette vie et essayer d'en comprendre le sens autorisé pour la suite.

Mon livre tient à compléter ce qui est connu de tous par ce qui n'est pas connu et qui m'a permis de passer, avec mon habituelle tranquillité d'esprit, à travers des épreuves qui parurent terribles à beaucoup mais qui me furent irréelles.

Ainsi saisira-t-on peut-être mieux le sens de ma vie, privée et publique. J'en profite pour dire que je n'en révèle les détails inconnus que parce que je suis convaincue que, même guidée par l'unique prédestination qui est la mienne, mon comportement est resté toujours très simplement humain conduit par ma seule foi en le Seigneur.

Foi si absolue qu'il suffit de l'avoir pour en jouir.

* * *

CHAPITRE 2

Une vie projetée dans l'Histoire

Après notre mariage et notre lune de miel, je m'installai à Huế avec mon époux, en jeune mariée de dix-huit ans. J'y vécus les premières années qui suivirent mon mariage. Elles passèrent si rapidement. C'était une nouvelle vie, non seulement indépendante mais surtout faite de responsabilités jusqu'alors inconnues.

Je pus découvrir vraiment cette admirable cité. Je ne la connaissais auparavant que par nos passages annuels, nos allers et retours rapides entre Hà-Nội et les hauts plateaux de Đà-Lạt au sud, ou vers une des plages au centre du pays. La mer y est idéale, très différente de ce qu'elle est au nord ou au sud du Viêt-Nam.

Tout me fut favorisé pour bien connaître et savourer l'atmosphère de Huế et sentir l'âme việt en son unicité. Je m'y promenais quotidiennement car mon mari tenait à voir son frère aîné qui habitait à côté de la maison familiale. Les repas y étaient uniques au monde.

Ce qui s'impose le plus à mes souvenirs, c'est la vision de ce paysage idyllique parcouru de multiples cours d'eau si remarquables par la pureté de leur onde. La nature, ses horizons, les fruits et les fleurs, leur beauté, leurs arômes et leurs saveurs y étaient enivrants.

Je garde de Huế le souvenir ému de tout ce que j'y connus alors et que je n'ai retrouvé nulle part ailleurs.

Nous pouvions y déguster son enchanteresse « Canh cá nục nấu với dưa hường » (soupe de poisson au melon d'eau).

– « Lơ lơ có kẻ mất chồng không hay » (Hé ! Hé ! Il y en a à perdre son mari sans le savoir !).

Sublime aussi cette soupe de sardines au melon d'eau si bon marché et que l'on ne peut trouver qu'à Huế. Un exemple entre autres de ce que, mystérieusement, ce lieu est seul capable de donner. Et son poivre incomparable !

Pour mes promenades, je prenais le pousse-pousse que j'avais fait venir de Hà-nội par le train. Sa forme et sa taille, si originales, étaient inconnues ici où l'on se limitait aux antiques pousses-pousses haut perchés. Celui ci provenait du Nord, il était plus large donc plus trapu et confortable. Il me faisait bien entendu remarquer de tous puisque j'étais seule à l'avoir et que je n'hésitais pas à le partager avec mon mari, usage qui n'avait encore jamais été établi.

Chaque jour, j'allais le long du Canal An-Cựu, pour aller dîner avec mon mari chez sa mère. C'était un plaisir dont je ne me lassais pas car la cuisine servie là était exquise et variée. Je lui faisais honneur avec la fringale de mon jeune âge et je voyais bien le plaisir que je donnais à mes hôtes, ma belle-mère et mon jeune beau-frère, Cẩn, qui paraissaient n'avoir jamais vu de leur vie un pareil appétit. Il fut d'autant plus apprécié que j'avais été précédée de l'épouse du plus jeune frère, Luyện, qui s'était marié juste un an avant moi. Cette épouse, qui venait du sud, avait scandalisé sa belle-famille en se faisant porter de temps à autre des repas occidentaux que lui préparait le restaurant de l'hôtel colonial situé à proximité de la maison. Les habitants du sud avaient déjà la mauvaise réputation d'être les « acquis des colos » et l'attitude de cette fille nous le confirma. L'opinion que s'en faisait le centre n'en fut guère améliorée, porté qu'il était à mépriser les « gens du colo » et cela d'autant plus que ma belle-sœur, présentée par notre curé, vivait dans une « nhà cao cẳng » (maison en bois, sur pilotis) qui servait autrefois de garage aux voitures-rebut.

L'intérêt de ce qui s'offrait à moi, chaque soir, à Huế, venait aussi d'une série de circonstances inhabituelles dues à ma découverte des étranges travers de certains membres alliés à la famille. Je me mouvais avec assurance dans ce nouveau milieu qui était devenu le mien depuis mon mariage. Seule de mon espèce, c'était à moi de m'adapter à cet univers familial qui pouvait paraître disparate avec les différences de caractère et d'âge de chacun avec son propre rang.

Je pense notamment à l'une de mes belles-sœurs mariée à un excité. Il croyait pouvoir tout se permettre à travers son épouse, la seconde fille de la famille, qui sera la mère du futur archevêque de Saigon, mon neveu Nguyễn-Văn Thuận[27]. Saigon était pour le colon « le » poste-clé car il était situé au cœur des plus riches rizières du sud. Après la chute de Saigon en 1975, son archevêque fut gardé prisonnier dans les camps de rééducation communistes pendant plus de treize ans dont neuf dans l'isolement le plus total.

J'appris fortuitement qu'il n'avait toujours pas été relâché alors qu'aucun jugement n'avait été prononcé contre lui. Personne n'était intervenu en sa faveur, peut-être pour ne pas le faire apparaître ni l'accabler comme l' « homme du colon ». Lors d'une interview accordée en 1988 à ma filleule anglaise, écrivain, je rappelai incidemment cet emprisonnement, depuis treize ans, d'un neveu de mon mari. Son relâchement survint peu après, comme si mon intervention avait suffi à le blanchir.

Il chercha aussitôt à me voir pour m'en remercier mais j'étais à Paris quand il alla à Rome et vice-versa. Il rencontra mon fils aîné et considéra son devoir de remerciement accompli. Plus tard, il fut convié aux festivités que l'Eglise donna en son honneur lorsqu'il fut promu cardinal. Décédé depuis, l'Eglise a entrepris la procédure pour le béatifier. Ses proches en sont d'autant plus

---

[27] Connu aussi sous son prénom de baptême, François-Xavier, il mourut en 2002 après avoir réuni l'ensemble de ses méditations dans son livre *Prières d'espérance* (1998) et après avoir publié en 1993 *Les pèlerins du chemin de l'espérance.* En 2000, il avait été chargé d'assurer la prédication des exercices spirituels de carême du pape Jean-Paul II.

heureux qu'ils n'avaient rien pu faire pour lui pendant les treize ans de sa captivité. Je garde le regret qu'ils m'aient accusée d'avoir « porté le malheur dans la famille », à l'occasion d'un livre écrit sur lui. Pourtant, je n'ai pas hésité à intervenir publiquement en sa faveur alors qu'il était encore prisonnier.

Que dire de l'allégresse de l'Eglise ? Cet évêque qui était apprécié des coloniaux n'a jamais évoqué ni regretté dans ses livres ou conférences le drame de l'assassinat de ses oncles Ngô-Đình Diệm et Ngô-Đình Nhu à la tête du Pouvoir Légitime du Việt-Nam, ni celui de Ngô-Đình Cẩn, son autre oncle. Il a évité avec soin de montrer sa parenté.

Après le coup d'état de 1963, alors qu'il était au Việt-Nam, il ne fit rien pour favoriser le retour de l'archevêque de Huế, Ngô-Đình Thục[28], son oncle, pourtant.

Je reviens à mon existence à Huế.

J'y passais les journées tranquillement chez moi à jouer sur mon « đờn tranh », luth vietnamien d'une sensibilité infinie. J'avais appris facilement à jouer de cet instrument et il fut pendant un certain temps ma principale distraction en compagnie de mon professeur de luth. Lorsque je me mettais à mes travaux de broderie, mon mari me tenait volontiers compagnie, il aimait s'adonner à ce délicat travail.

Lorsqu'il me rejoignait le soir, il m'emmenait dîner chez sa mère. Après le repas, il disparaissait chez son frère aîné Ngô-Đình Khôi[29] qui habitait juste en face, de l'autre côté du Canal.

Au tout début de mon mariage, j'avais un merveilleux cuisinier qui trouvait un plaisir infini à s'occuper d'un couple de jeunes

---

28 Lors du coup d'état de 1963, Mgr Thục se trouvait à Rome où se tenait le concile de Vatican II. Après le concile, il aurait dû pouvoir retourner à son diocèse de Huế, comme il le désirait. Madame Ngô-Đình-Nhu fit une démarche auprès du clergé vietnamien pour qu'il rappelle son primat. Il n'y eut pas de suite.

29 Ngô-Đình Khả avait eu trois filles et six fils : Khôi, Thục, Diệm, Nhu, Cẩn, Luyện, dans l'ordre décroissant.

mariés qui appréciait comme il se devait la cuisine raffinée de son chef. Mais cela ne dura pas. Ce cuisinier, l'ancien chef de ma belle-sœur et de sa famille qui comportait au moins quinze personnes en y incluant les nombreux enfants, s'était dit fatigué. En fait, il avait pris sa retraite pour être mis à mon service de toute jeune mariée, ceci à l'initiative de mon jeune beau-frère qui considérait avec raison que ce cuisinier se fatiguerait moins à servir un couple plutôt que son lot habituel. Mais les anciens patrons ne l'entendirent pas de cette oreille et considérèrent comme un manque de tact de leur avoir débauché leur homme. Ils obtinrent gain de cause, ce qui m'obligea à aller dîner chaque soir chez ma belle-mère. Je n'avais pas à le regretter car les repas que nous servaient les chefs de cette autre maison étaient délicieux, préparés dans le grand art de la délicate cuisine de Huế.

Mon mari me laissait donc pour se rendre chez son frère aîné après le dîner. Il y restait un certain temps. Cela me donnait l'occasion d'écouter à travers mon beau-frère Cẩn, plus jeune que mon mari mais plus âgé que moi, des légendes et des histoires anciennes ou récentes que je n'aurais jamais découvertes autrement.

J'étais pour eux tous une jeunette, plus jeune même que les neveux et nièces que j'avais de ma belle-sœur aînée. Mon temps parmi eux ne fut pas perdu.

Pourtant, tout a une fin, et ce fut précisément le jour de mes vingt ans, le 22 août 1944.

La tragédie s'installa dans la famille, après plus d'une année de sérénité qui m'avait permis de jouir des lieux dans leur plénitude.

Alors que je faisais porter une part de mon gâteau d'anniversaire chez mon beau-frère aîné, Ngô-Đình Khôi[30], j'appris qu'il n'était pas revenu de la réunion à laquelle il avait été invité par les communistes avec son fils unique. Ils furent menés tous deux vers une destination inconnue. Ils n'en revinrent jamais. Dès lors, je me trouvai assez souvent seule car mon mari s'évanouissait

---

30 Ngô Đình Khôi était le chef de sa province.

dans la nature pour éviter le sort de son frère aîné et aussi celui de son troisième frère, le futur Président Ngô-Đình Diệm dont soudainement on n'entendit plus parler non plus.

Pour moi-même, comme pour autrui, j'ai besoin de me remémorer ce qui arriva à mon pays à partir du moment où le communiste Hồ-Chí-Minh s'attaqua aux miens sans crier gare.

Il assassina mon grand-oncle Bùi-Quang Chiêu, chef politique du sud et frère aîné de ma grand'mère paternelle. Il fut tué avec ses six garçons dont le dernier n'avait que six ans.

Il fit assassiner l'aîné des Ngô-Đình et son fils unique qui était sur le point de se marier.

Après cette table rase, il fit capturer le futur Président Ngô-Đình Diệm dans le train qui le menait de Saigon à Huế. Il le fit mener dans les hautes montagnes du Nord, à la frontière chinoise, où il fut gardé prisonnier dans une hutte, de septembre 1945 à décembre 1946.

Puis il le relâcha.

Mais avant de le relâcher, Hồ-Chí-Minh l'avait gardé toute une nuit dans une pièce de la demeure des anciens Résidents Supérieurs Français à Hà-nội où il s'était installé après s'être emparé du pouvoir.

Hồ-Chí-Minh essaya de le convaincre de rejoindre ses rangs. Ngô-Đình Diệm se contenta de répondre qu'avant toute chose, il voulait savoir ce que les communistes avaient fait de son frère aîné capturé avec son unique fils. Il ajouta qu'avant de répondre à cette proposition de « rejoindre les rangs communistes » il tenait à ce que soient rétractées toutes les horreurs verbales déversées sur la famille des Ngô-Đình. Sans cela, il ne saurait y avoir aucune base valable pour parler de quoique ce soit. Hô-chí-Mình ne répondit à aucun de ces préalables.

Le futur Président le quitta au matin, les portes se trouvaient ouvertes devant lui.

Sa libération était due à son frère, mon mari, qui avait justement rencontré Hồ-Chí-Minh, peu de temps auparavant.

Diệm se présenta aussitôt à l'improviste à Hà-nội, chez mes parents, là où demeurait mon mari lorsqu'il se trouvait dans le nord. Depuis leur retour, en 1945, après avoir vu leur hôtel particulier confisqué, mes parents s'étaient retirés dans la villa particulière laissée à ma mère par son père, celle-là même où j'étais née.

Mon père y avait repris son métier d'avocat et mon mari y venait loger quand il quittait Huế pour Hà-nội.

Personne ne savait ce que faisait mon mari. Il ne s'en ouvrait à personne.

J'aurais bien préféré le voir plus souvent avec moi plutôt que de le savoir dans le nord, mais penser qu'il était avec mes parents me rassurait quand même un peu.

Hà-nội était devenue la capitale des communistes et ce lieu lui paraissait plus sûr que n'importe quel autre.

Mon mari avait compris le cours des évènements mais il ne m'en parlait pas. Ainsi disparaissait-il régulièrement sans jamais me dire où il allait.

Du jour au lendemain de mes vingt ans, je me trouvai donc soudain seule. Absolument. La belle maison neuve à deux étages, construite exprès pour notre mariage, mais qui ne fut finie qu'après, me parut soudain trop grande malgré la présence de mes deux domestiques, la cuisinière et le coolie-pousse qui me servait aussi de jardinier. Homme à tout faire, il devait se cacher lui aussi car les communistes enrôlaient tous les hommes valides.

Parler de mon désarroi serait un faible mot. Mais je pris le dessus car il fallait bien vivre et même s'apprêter à faire face à un inconnu qui allait s'avérer de plus en plus incompréhensible.

Dans ma nouvelle solitude, je réalisai progressivement qu'au lieu de pouvoir me protéger, mon mari m'était devenu une menace.

Mon mariage, qui avait été le dernier grand mariage d'Hà-nội avant son évacuation comme les autres grandes villes, coïncida avec les derniers soubresauts de la guerre mondiale dont les effets se firent sentir dans les grandes capitales du monde avant de se propager partout ailleurs.

Le Việt-Nam en fut un exemple torturant et j'en subis ses effets, surtout au centre, et donc en sa capitale impériale, Huế. Le colon avait toujours su rester y discret. Huế maintenant n'existe plus, paraît-il, rasée par les colons et les impérialistes. Et on n'en parle même pas. Chacun accusant l'autre. L'horreur absolue.

Le 27 août 1945, j'eus mon premier enfant, Lệ Thuỷ.

Cet ange adorable, beau dès la naissance, était une fille qui fit aussitôt la fierté de son père. Déjà il retrouvait en elle ses propres traits.

Sans se rendre compte du monde où il entrait, le petit ange ne cessait de sourire, les yeux et les poings fermés.

A lui seul, il comblait tout ce vide qui m'avait envahie.

Laissée à moi-même avec mon bébé, il n'était plus question pour moi de me déplacer. Désormais je restais à la maison à m'occuper de lui, l'église se trouvant juste derrière, je n'avais aucune difficulté à y aller. Tout ceci parvenait à occuper mes journées malgré l'absence de mon mari à qui je songeais bien souvent, me demandant où il pouvait bien se trouver et ce qu'il y faisait.

Réduite à cette existence, je ne me rappelle plus du tout comment j'arrivais à me suffire à moi-même.

Je ne veux pas oublier de rappeler ce bref temps de « l'Indépendance » du Việt-Nam proclamée par les Japonais.

Ils s'étaient installés dans mon pays en mars 1945, chassant les Français ou les enfermant dans des camps de concentration.

Mais avec nous, ils se montrèrent discrets et corrects.

Avant la guerre, le colon français disposait comme bon lui semblait de notre riz. Pour mieux le vendre au Japonais, il n'hésitait pas à nous affamer.

Lors de la guerre des Japonais contre les Américains, les Français refusèrent toutefois de leur vendre[31] notre riz.

Tout en ayant maintenu l'autorité de Bảo-Đại, l'empereur du Việt-Nam, les Japonais avaient proclamé l'indépendance de notre pays avant de devoir capituler en août 1945.

Malgré cette proclamation de notre indépendance, les Français se hâtèrent de reprendre pied et voulurent se payer des pertes que l'occupation japonaise leur avait causées. Ils ne firent aucun cas de cette indépendance décrétée par un pays qui venait de perdre la guerre.

Peu de temps après, mes parents quittèrent définitivement Hà-nội et vinrent s'installer à Huế dans une grande maison qu'ils avaient louée.

Ils étaient arrivés dans une Citroën noire neuve qu'ils me laissèrent en partant, avec ces mots : « Nous te la donnons, les communistes nous l'avaient prise mais avaient promis de nous la rendre. Tu peux donc la garder puisqu'ils prétendent ne voler personne. »

En fait, les communistes affirmèrent avoir tout rendu à cette belle-sœur dont ils avaient fait disparaître le fils et le mari. Ce que les communistes avaient surtout rapporté, c'était des charrettes de « billets Hồ-Chí-Minh » qui étaient utilisés à toute vitesse par ceux qui en avaient car ce n'était que du papier sans valeur aux yeux de la population.

Un jour, un notable communiste se présenta à la maison et demanda à voir mon mari. Pensant au sort qui avait été réservé à mes beaux-frères, je l'invitai à attendre mon mari comme s'il devait revenir d'un moment à l'autre alors qu'il était à la maison,

---

[31] Par les accords du 30 août 1940, le Japon avait obtenu de la France de pouvoir se servir du Tonkin comme base militaire à son expansion. Le Japon ne se contenta pas d'utiliser les aérodromes et les bases navales du Viêt-Nam, il réquisitionna aussi son riz. L'administration vichyste de l'amiral Jean Decoux dut ouvrir des greniers publics où les paysans furent contraints de vendre leur riz aux Japonais moyennant un prix taxé extrêmement faible, inférieur parfois au prix de revient.

à l'étage supérieur. Après quelques minutes, le communiste se décida à partir en m'annonçant qu'il reviendrait une prochaine fois. Dès que la nuit fut tombée, mon mari disparut. Il me prévint simplement qu'il me ferait parvenir ce dont j'aurais besoin. Et je ne sus plus rien de lui pendant bien longtemps.

L'empereur Bảo-Đại, à qui les Japonais, en partant, avaient remis « l'Indépendance » du pays, demanda à mon père de former son premier gouvernement.

Mon père refusa d'en être le chef car il s'estimait encore trop jeune. Il proposa donc à Bảo-Đại de prendre comme chef du gouvernement un homme d'âge plus respectable, le Professeur Trần-Trọng Kim.

Mon père accepta, quant à lui, d'être le ministre des Affaires étrangères. Il vint alors s'installer à Huế avec les autres membres du nouveau gouvernement.

Ce fut là que je vis pour la première fois le projet de ce qui allait devenir le drapeau vietnamien. C'est à mon père, en premier, qu'il fut présenté, alors qu'il était assis derrière son bureau, chez lui.

Sur le drapeau, figurait tout d'abord un signe qui barrait au centre les trois lignes rouges tracées sur le fond jaune. Je trouvai que ce motif était inopportun et que le drapeau jaune se trouverait mieux d'avoir seulement ses trois lignes rouges qui se prolongent à l'infini. Mes parents furent d'accord avec moi. Le drapeau fut présenté au gouvernement qui donna pareillement son accord.

C'est ainsi que ce drapeau devint depuis celui de l'Ultime Pouvoir Légitime du Việt-Nam.

Le premier gouvernement indépendant constitué avec mon père ne dura pas. Il n'avait le soutien d'aucune nation étrangère et le colon aux aguets attendait de pouvoir tout reprendre avec ou sans l'aide des Américains. Il espérait toujours se réinstaller au Việt-Nam de façon violente ou rampante.

On peut se poser quelques questions sur cette mentalité coloniale qui se refuse à comprendre l'aspiration naturelle d'un peuple à recouvrer son indépendance et s'acharne à s'accrocher à lui, quitte à accomplir l'Infâme.

Au nom de quoi ?

Le colon avait su exploiter l'Eglise pour favoriser son expansion. Il lui a fait mériter cette admonestation du Christ à Saint Pierre : « Passe derrière moi, Satan ! Tu me fais obstacle, car tes pensées ne sont pas celles de Dieu, mais celles des hommes ! » (Mt.16, 23).

Ce temps satanique des hommes, sous le couvert de l'Eglise, n'a que trop duré.

Que vienne maintenant le temps de la réparation due par ceux qui nous ont persécutés, les colonialistes, les impérialistes et les communistes. Ces cruels sans foi ni loi. Il nous reste à compter sur le Seigneur afin que tout se passe au mieux, d'abord pour la Sainte Eglise, car mon pays et les miens ne L'ont jamais trahie. Bien au contraire.

Au départ des Japonais, les alliés victorieux de la deuxième guerre mondiale demandèrent à la Chine –alors non communiste – de venir au Việt-Nam pour protéger les intérêts français.

Ce fut au tour des Chinois de défiler chez nous.

Dès le premier jour, un groupe de soldats excités envahit mon jardin. Ma maison était la plus coquette de la ville, près du pont An-Cựu.

Dans la villa, j'étais seule avec mon bébé, la nurse et la cuisinière. Heureusement le bâtiment avait deux étages. Cela nous donna le temps de fermer les portes du premier étage et de nous réfugier au second en nous barricadant sur les balcons qui surplombaient le jardin bien en vue de la rue. Nous pûmes alors ameuter les passants en frappant sur les casseroles et sur tous les ustensiles qui nous tombaient sous la main. Le chahut arrêta le groupe de soldats avant qu'il ait atteint les portes du garage. Comme le bruit que nous faisions sur le balcon s'amplifiait avec nos hurlements, la soldatesque préféra quitter les lieux sans demander son reste.

Je lui emboîtai le pas pour rencontrer son général, un jeunot de vingt-six ans, auquel j'adressai ma plainte en bonne et due forme. Il me raccompagna pour constater de visu le lieu du litige.

Mon cadre de vie et mon berger allemand l'impressionnèrent assez pour qu'il m'assurât faire le nécessaire. Je ne m'attendais quand même pas à ce qu'il fasse ériger deux bicoques de garde aux deux entrées de ma rue. C'était pour en interdire le passage non seulement à ses propres soldats mais aux passants. J'eus ainsi un temps de calme parfait lors du séjour chinois à Huế. La ville s'en fit l'écho après avoir été témoin du tintamarre que j'avais provoqué sur mes balcons.

Cela mis à part, la Chine paraissait littéralement affamée. Elle délestait les marchands ambulants de leurs produits avec une vitesse jamais vue. Les payait-elle ? Je l'ignore, mais elle ne laissa pas un si mauvais souvenir après son passage.

Après quoi, le colon s'arrangea avec la Chine pour tout reprendre, comme avant.

Après avoir éliminé ses principaux adversaires, Hồ-Chí-Minh, le 2 septembre 1945, proclama à Hà-nội la République de Việt-Nam (la RDV) et l'indépendance du pays.

L'Assemblée nationale qui y avait été élue précédemment se réunit le 2 mars 1946 et désigna Hồ-Chí-Minh pour être le premier président de la RDV.

En mars 1946, il signa avec la France un accord où les deux parties reconnaissaient la RDV comme un Etat libre ayant son propre gouvernement, son parlement, son armée et ses finances et faisant partie de la Fédération indochinoise et de l'Union française[32].

---

32 La Fédération indochinoise comportait le Tonkin (Hà-nội), l'Annam (Huế), la Cochinchine (Saigon), le Cambodgẹ (Pnom Penh) et enfin, le Laos (Vientiane). Par sa constitution du 27 octobre 1946 instaurant la quatrième république, la France désignait sous le nom d'Union française son Empire colonial. Le préambule de la constitution énonçait : « L'Union française est composée de nations et de peuples qui mettent en commun ou coordonnent leurs ressources et leurs efforts pour développer leurs civilisations respectives,

Jusqu'en septembre 1946, un simulacre d'entente entre la France et la RDV avait prévalu mais Hồ-Chí-Minh finit par comprendre que la France, en définitive, cherchait essentiellement à conserver son empire colonial sous des aménagements de pure forme. Il se décida à engager les hostilités.

Le 19 décembre 1946 commença la guerre d'Indochine.

Les troupes de Vô-Nguyễn-Giáp, le bras militaire d' Hồ-Chí-Minh, attaquèrent Hà-Nội par surprise.

A cette époque, je me débrouillais comme je le pouvais.

Dans ce climat d'insécurité qui nous menaçait tous, je n'allais plus quotidiennement chez ma belle-mère mais seulement de temps en temps pour exhiber mon bébé, une véritable splendeur. Je la voiturais à pied dans sa voiture d'enfant et je provoquais sur mon passage l'admiration des promeneurs. Déjà bien rares, ces courts moments de bonheur finirent par s'arrêter tout à fait.

Lancés dans cette guerre qui laissa le peuple pantelant et ne sachant vraiment plus à quel saint se vouer, les communistes un jour se décidèrent à nous déporter. Ils nous intimèrent l'ordre d'évacuer Huế. Mais pour aller où ?

Nous n'avions aucun lieu de retraite si ce n'est chez les Rédemptoristes canadiens dont l'église se dressait juste derrière ma maison.

Avant même d'avoir eu le temps d'y déménager mon piano à queue qui se trouva bloqué dans la porte d'entrée, des coups de feu partirent dans la nuit alors que ma belle-mère, ma belle-sœur et sa fille se trouvaient chez moi.

Si j'avais été seule avec mon bébé, nous aurions été chez les Rédemptoristes depuis belle lurette car mon beau-frère Cẩn y était déjà. Il ne voulait pas prendre comme nous le risque de

---

accroître leur bien-être et assurer leur sécurité. Fidèle à sa mission traditionnelle, la France entend conduire les peuples dont elle a pris la charge à la liberté de s'administrer eux-mêmes et de gérer démocratiquement leurs propres affaires ; écartant tout système de colonisation fondé sur l'arbitraire, elle garantit à tous l'égal accès aux fonctions publiques et l'exercice individuel ou collectif des droits et libertés proclamés ou confirmés ci-dessus.»

rester de l'autre côté du canal car il aurait été en zone exposée. Mais ma belle-sœur qui possédait cette belle maison, construite exprès pour nous la louer, voulut y rester avec moi aussi longtemps que possible. Cela nous valut d'y être coincées la nuit où éclatèrent les premiers coups de feu.

D'où venaient-ils ? Nous l'ignorions.

Nous nous sommes serrées au premier étage, au milieu du salon, en nous entourant des coussins pris sur les fauteuils et les canapés. La fusillade dura toute la nuit. Le lendemain, on vit surgir des sortes d'hommes des cavernes, affublés de sacs de jute en guise de vêtements, portant des fusils datant d'un autre âge avec leur longueur excessive. Ils nous donnèrent l'ordre de quitter les lieux sans attendre et celui d'enfermer mon magnifique chien berger allemand. Je fus assez innocente, ou plutôt stupide, pour leur obéir et leur demander surtout de ne pas oublier de me le rapporter là où je serais. Bien entendu, je ne revis jamais ce chien magnifique qui nous impressionnait tous et qui était d'une intelligence exceptionnelle. Je l'avais éduqué à ne pas marcher sur les tapis et à ne pas aboyer mais à simplement grogner. J'aurais pu tenter de le garder et de l'emmener avec une laisse mais j'étais d'une inconscience qui frisait l'idiotie.

Alors commença le pénible périple de notre déportation et c'est à partir de là que je commençai à tout apprendre sur le tas.

Tout d'abord à ne jamais me séparer de mon bébé.

Un jour, après l'avoir longuement porté au cours d'une marche épuisante, pieds nus sur la glaise, je le confiai à ma cuisinière juste le temps de me dégourdir un peu les bras et d'avancer avec une moindre fatigue.

Et voilà que soudain en me retournant je ne vis plus la cuisinière au bout du chemin.

Où était-elle ? Affolée, je l'appelai à grands cris et je la vis enfin surgir avec les autres femmes du groupe dont ma belle-mère que mon coolie-pousse portait sur son dos.

Récupérant mon bébé qui ne marchait pas encore, comme si les temps difficiles perturbaient même les petits, je ne le lâchai plus.

Dans le groupe, nous nous étions déjà fait remarquer car nous étions absolument inséparables et que nous refusions systématiquement de passer sous les ponts qui nous auraient protégés des tirs qui s'entrecroisaient sur ceux qui les traversaient.

Si je refusais de passer sous les ponts, avec mon bébé dans les bras, c'était pour ne pas y voir les horreurs qui s'y amoncelaient, tous ces cadavres décomposés, abandonnés à leur sort. A cette époque, nul ne songeait, serait-ce pour la santé publique, à dégager ces corps qui s'entassaient. Mais notre passage au-dessus de ces ponts était si surréaliste que les tirs cessaient lorsque, mon bébé dans les bras, je les franchissais.

Je me souviens d'un jour où il pleuvait. Je nous recouvrais tous deux de ma veste de laine. Le bébé prenait cela pour un jeu de cache-cache et riait aux éclats. Ces rires devaient s'entendre au loin car on nous laissait tranquilles lorsque nous marchions sur ces ponts qui nous séparaient du quartier-général communiste.

Le quartier-général n'était pas très loin mais ceux qui nous y conduisirent mirent jusqu'à deux jours pour l'atteindre. Nous passâmes donc une nuit dehors, à dormir à même la terre nue, sans rien sur nous que les vêtements que nous portions. Quand nous arrivâmes sur place, ce fut pour trouver une maison bourgeoise de la banlieue, avec un bassin d'eau au milieu du jardin. Nous nous y précipitâmes pour nous nettoyer au moins le visage et les pieds. C'est alors qu'apparut un beau jeune homme de taille élancée, plutôt grand pour un Việt.

Habillé à la dernière mode sportive d'un pantalon de golf et de pulls de laine, dont l'un était porté nonchalamment sur l'épaule, il demanda à haute voix : « Je voudrais parler à « Cụ Bà » (Son Excellence) Ngô-Đình-Nhu », et il regarda en direction du groupe où se trouvait ma belle-mère que le coolie-pousse venait de déposer pour la mettre sur un siège.

Au lieu d'elle, ce fut moi, la jeunette du groupe, qui m'exclamai :

– Et pourquoi faire ?

J'étais scandalisée que ce jeune homme ait adopté ce ton au respect affecté pour parler à un groupe que je considérais fort maltraité.

Le jeune homme comprit aussitôt à qui il avait affaire. Il se tourna alors vers moi et s'excusa, sans la moindre gêne, des mauvais traitements que nous avions reçus :

– Je voudrais m'excuser de ce que vous avez pu souffrir pendant votre transfert de là-bas à ici, ces jours-ci, mais il nous était impossible de faire mieux, vu les circonstances.

– Et pourquoi ? Répliquai-je. « Rien ne vous obligeait à nous traiter comme vous l'avez fait, dormir à même la terre par ce froid de l'hiver et n'avoir rien d'autre à manger qu'une poignée de riz toujours servi froid. Et pourquoi ces deux jours mis à traverser un espace que l'on aurait pu franchir en une journée alors qu'on nous tirait dessus si l'on ne passait pas sous les ponts remplis de cadavres et d'autres horreurs ? »

Mon indignation était si juste et si sincère que l'homme en fut tout éberlué au point de ne savoir plus que dire :

– Nous vous prions encore de nous excuser et de bien vouloir aller vous reposer dans la chambre mise à votre disposition en attendant le dîner.

Nous suivîmes le guide qui nous mena en deux groupes, celui de ma belle-mère avec sa fille et moi, sa bru, accompagnées chacune de nos enfants réciproques, et celui de mes domestiques, ma cuisinière avec sa fille qui était la nurse de mon bébé et son fils, un enfant de cinq ans.

Le premier groupe entra dans une chambre au milieu de laquelle trônait un grand lit ancien pourvu d'un matelas nu.

Le second groupe disparut avec ceux qui nous montraient les chambres.

Nous ne les revîmes que le lendemain, au matin.

Nous suivîmes nos accompagnateurs jusqu'à la salle à manger où un repas correct nous attendait. Après quoi, retournant à la chambre qui nous avait été désignée, nous comprîmes que l'unique grand lit antique avec son matelas nu était pour nous toutes.

En nous mettant en travers, il y avait de la place pour tout le monde, les pieds dépassant pour les adultes. Avec mon bébé contre moi, je m'endormis sans demander mon reste et je ne fus pas dérangée comme la nuit précédente où un branle-bas de combat fut déclenché au cri de : « Quelqu'un s'est enfui ! »

On vint en effet nous réveiller alors que « la fuite » était simplement due au fait qu'en nous comptant, il n'avait pas trouvé mon bébé. Endormi dans mes bras, ses petits pieds ne dépassaient pas du matelas. Après quoi, tout le monde fut contraint de s'étendre à même la terre froide et retrouva néanmoins le sommeil jusqu'au brutal réveil.

Au matin, dans ce nouveau lieu où nous étions, on nous servit une bouillie avant de nous conduire à notre destination, celle que ma belle-sœur avait indiquée. Il s'agissait d'une localité où se trouvait son fermier. Nous pouvions y rester jusqu'à nouvel ordre. De temps en temps nous étions visitées par le chef communiste. Cet homme était vraiment civilisé pour un communiste, aussi était-il bien reçu par ma belle-mère et ma belle-sœur quand il venait nous voir. En vérité, il ne venait que pour s'assurer que nous n'avions pas quitté le lieu assigné.

Il arriva un moment où il ne fut plus possible de rester sur place. Des avions inconnus survolaient de temps en temps l'endroit où nous étions et lâchaient parfois dans les champs quelques bombes, à titre d'essai d'on ne sait quoi.

Ma belle-sœur décida d'aller plus loin, dans un couvent où l'on pourrait au moins suivre la messe tous les jours. Là où nous nous trouvions, nous étions privées d'eucharistie et cela même le dimanche. On décida alors qu'étant la plus jeune et donc la plus rapide, je partirais avec le fermier de ma belle-sœur au quartier général communiste pour obtenir des laisser passer. Je le fis un jour de beau temps et j'obtins sans problème auprès des communistes les papiers nécessaires. Leur chef qui répondait au nom de Bảy (Sept) se découvrait on ne peut plus courtois. Au point que, durant le temps de l'Ultime Pouvoir légitime du Việt-Nam lorsque le centre se trouva sous la responsabilité officielle de

Cẩn mon jeune beau-frère, Bảy n'hésita pas à venir lui rendre visite de temps à autre pour lui demander de mes nouvelles. J'étais celle qu'il connaissait le mieux de notre groupe.

Nous partîmes donc en barque avec des laisser passer communistes qui ne nous furent pas demandés et nous arrivâmes au couvent des religieuses où l'on nous réserva une chambre avec quatre bat-flancs[33]. Les deux en bois furent pour ma belle-mère et ma belle-sœur avec sa fille et les deux en bambous furent pour la nounou du bébé et pour moi.

Encadrant le berceau de l'enfant, il y avait un simple panier suspendu au plafond entre nous deux et il suffisait de le toucher pour le faire balancer et calmer le bébé au cas où il s'agiterait. De nous toutes, il était le plus confortablement installé avec mes vestes capitonnées qui lui servaient de matelas et de couvertures. Il ne dérangeait personne, c'était le bébé le plus tranquille au monde et il ne quittait son panier-berceau que pour tenir compagnie à sa grand'mère ou pour être promené dans mes bras.

Les religieuses paraissaient enchantées de notre compagnie. Séparées d'elles par une simple cloison, elles nous entendaient à longueur de journée alors que nous n'entendions rien d'elles qui étaient toujours silencieuses. Elles ne s'installaient au dortoir que pour y dormir. Par contre, nous, nous passions nos journées dans la chambre commune qui nous était réservée. Nous y prenions aussi nos repas.

Les religieuses finirent par connaître le caractère de chacune de nous et par s'en faire une idée.

Elles entendaient ma belle-sœur et sa fille se chamailler pour un oui ou pour un non. Elles furent ainsi témoins de leur comportement scandaleux qui se manifestait en toute occasion car ma belle-sœur n'avait aucune autorité sur son enfant unique, une fillette de dix ans. Elle n'en faisait qu'à sa tête et avait choisi de faire de moi son souffre-douleur sous prétexte que j'étais partie sans un sou en poche avec une cuisinière et son enfant et une nounou pour mon bébé. En plus j'ignorais tout sur mon

---

33 Sortes de banquettes basses où l'on peut aussi bien s'assoir pour lire que pour prendre un repas ou même dormir.

mari et mes parents. Bref, il n'y avait pas de personne plus perdue et démunie que moi.

Les choses s'envenimèrent au point que, me resservant machinalement à table, je fus arrêtée par une exclamation de la petite peste :

– Maman ! Tante a pris une seconde sardine !

L'ambiance ne s'améliora pas lorsque je me décidai à vendre la vache et son veau qui m'appartenaient dans le troupeau de ma belle-sœur. Cela me rapporta de quoi acheter deux des plus grosses boîtes de lait en poudre vendues sur le marché. Mais alors il me fallut songer à les transvaser dans des boîtes en fer blanc de taille plus petite pour pouvoir les transporter dans les tranchées quand l'alerte sonnerait et que pointeraient à l'horizon des avions dont on ignorait les intentions. Je redemandai donc à ma nièce mes anciennes boîtes de lait en poudre dont elle se servait pour y ranger ses découpages en papier. Elle protesta. Sa mère prenant son parti, s'exclama :

– Pourquoi ne pas utiliser plutôt les nombreux bocaux vides inutilisés sur les étagères ?

Il s'agissait de récipients en verre ! Comment les emporter avec soi sans les casser lorsqu'il nous faudrait courir nous abriter dans les tranchées lors du passage des avions ?

Cette suggestion insensée prouvait un réel égoïsme. Je le fis remarquer mais cela ne servit qu'à démontrer mon égoïsme à moi (!) et qui plus est ma maladresse (!) car à la première alerte je ne pus préserver les récipients qui contenaient le lait en poudre. Ils se brisèrent à la première explosion et la poudre de lait se répandit sur le sol à mon immense consternation.

Ce fut la goutte d'eau qui fit tout déborder.

Je décidai alors, avec le laisser passer obtenu pour quitter notre premier lieu de séjour, de revenir à Huế et de me réfugier plutôt chez les Rédemptoristes canadiens. J'en fis part à ma cuisinière qui fut d'accord pour partir avec moi et sa fille. Tout le couvent était de notre côté et il compatissait d'autant plus qu'il savait que je ne pouvais pas laisser ma belle-mère derrière moi, fût-ce avec sa propre fille. Mais Dieu décida pour le mieux.

J'allais prier à l'église avec mon petit groupe. Au moment de quitter les lieux, j'appris qu'on nous cherchait.

Il s'agissait d'un père rédemptoriste qui venait en barque pour nous ramener en ville. Juste à temps.

Nous nous serions sûrement perdues dans la nature, à la merci de n'importe quoi. Tout cela nous fut évité grâce à la barque qui vint nous prendre. Elle fut aussitôt remplie de victuailles diverses car Huế en manquait. Nous embarquâmes sans tarder mais nous ne pûmes atteindre notre destination qu'en pleine nuit et sans autre lumière pour nous diriger qu'un pauvre fagot de branchages agité à bout de bras par le père. La ville, plongée dans une obscurité totale, paraissait totalement déserte.

Nous rejoignîmes quand même le monastère. On nous mit dans un hangar dont une aile fut réservée à la famille. Mon beau-frère Cẩn y était déjà. Il nous accueillit avec soulagement car il se faisait un sang d'encre depuis que nous avions disparu de cette belle maison, à côté de la sienne, qui me servait de demeure. Elle fut dynamitée après mon départ. La nouvelle pulvérisa ma belle-sœur. J'y perdis tous mes meubles mais qu'était-ce comparé à sa maison. Elle en fut si bouleversée qu'elle refusa de la reconstruire et sa fille préféra s'installer au sud, à Saigon, où elle mena plus tard une vie débridée, scandaleuse, bien éloignée de nos mœurs vietnamiennes.

De retour à Huế, je n'envisageai certes pas d'y rester longtemps. Je n'en pouvais plus de l'insupportable inconfort de ma situation. La cité me paraissait de plus en plus d'un autre âge et surtout cela faisait un an que je ne savais plus rien de mon mari. Où était-il ? Que faisait-il ?

Le bébé n'avait évidemment aucun souvenir de son père à peine entrevu depuis sa naissance.

Mon exaspération atteint son comble la nuit qui suivit notre arrivée.

Dans le hangar arrangé en dortoir pour la famille, le lit à moustiquaire de mon beau-frère était entre mon lit et celui de ma belle-sœur et de sa fille. Alors qu'il avait une moustiquaire et une épaisse couverture de laine qu'il avait fait porter directement de chez lui au monastère, je n'avais moi-même strictement rien que ma redingote de laine, cintrée à la dernière mode. C'était une couverture des plus insuffisantes. On me conseilla tout bonnement de m'enrouler dans une natte comme le faisaient tous les paysans qui n'avaient pas de couverture. Ce conseil ne me plut pas. J'avais déjà beaucoup souffert du froid durant tout cet hiver, insuffisamment couverte comme je l'étais. Voyant tout le chaud attirail de mon beau-frère, je me levai au milieu de la nuit quand tout le monde fut endormi. Lui jetant sur le dos la mince couverture de laine trouée, utilisée pour le repassage, je me saisis de la sienne en belle laine épaisse et la tirai à moi, dans l'obscurité. Cela le réveilla et je le sentis s'agripper à son bien pour ne pas me le laisser. Furieuse, il me fallut y renoncer et reprendre cette vieille couverture de repassage, trouée, qui me servait depuis le début de notre infortune.

Au matin, il me regarda avec stupeur lorsque je me présentai à ma belle-mère pour la saluer et lui dire que je partais rejoindre le convoi des camions qui prenait la route du Col des montagnes, appelé « Đeò Hải Vân » (Col des nuages). Je voulais atteindre Đà-Nẳng (Tourane) d'où j'espérais pouvoir prendre un avion pour Saigon avec l'argent qui me restait de la vente de ma vache et de son veau.

Je désirais y rejoindre ma sœur qui s'y trouvait afin d'avoir des nouvelles de mes parents et par là de mon mari.

Tout le monde fut saisi de surprise car je venais à peine de m'installer dans le hangar mis à notre disposition et que le convoi s'en allait d'une minute à l'autre.

Je partis donc, mon bébé au creux d'un bras, l'autre portant son panier-berceau où j'avais mis ses couches et ses vêtements. Je n'emportai rien d'autre pour moi que ce que j'avais sur le dos et je m'éloignai ainsi, après avoir salué ma belle-mère qui ne savait comment me retenir. Arrivée au convoi, je tombai sur un camion dont la place de passager était libre. Le conducteur, un jeune légionnaire blond, qui s'avéra être allemand et ne parlait que sa langue, m'accepta comme passagère. J'en avais de la chance !

Mon chauffeur s'avéra bien élevé et discret. Il se contenta de faire quelques « guili-guili » au bébé, rien de plus.

Avant le départ du convoi, la nounou du bébé se présenta. La famille me l'avait renvoyée mais il n'y avait plus de place pour elle dans le camion. Je savais aussi qu'elle n'aurait pas d'emploi à Saigon, chez ma sœur, où les domestiques abondaient.

Nous partîmes donc vers le Col des Nuages que je connaissais depuis l'enfance pour l'avoir traversé chaque année dans nos allers et retours des vacances d'été.

Au bout du trajet, je fus déposée au Centre français responsable de l'endroit.

Le colon, de retour, s'était donc déjà installé au Col des Nuages.

A l'écoute de mon nom, on me fit aussitôt bon accueil. On me réserva une chambre avec un lit à moustiquaire et un berceau avec rideau pour le bébé. Il me fut dit que l'avion militaire pour Saigon ne partirait que le surlendemain. Il n'y avait plus qu'à l'attendre. Cela me donna l'occasion de faire la connaissance de l'officier français responsable de cette région, le colonel Gilbert, si je ne me trompe. Je fus son invitée à sa table le bref temps de mon passage. Ce premier contact avec le colon de retour fut idéal car cet officier était des plus civilisés. Il était déjà au courant de mon odyssée qui n'était pas terminée à son avis. Il avait toutes les raisons de s'émerveiller de me voir traverser ainsi, seule avec mon bébé, ce Col des Nuages dont il assurait lui-même la sécurité.

Il n'eût pas le même succès que moi car j'appris qu'il y avait été tué plus tard dans une embuscade.

A travers lui qui s'était montré un hôte idéal pour mon bébé comme pour moi, on se prend à penser qu'un bon colon peut arriver à rattraper ce qu'il y a de pire chez ses congénères. Il lui suffit de se montrer civilisé.

Mais le colon a tant noirci son image qu'il est devenu bien difficile de l'imaginer en hôte idéal envers des êtres soumis aux pires aléas d'une vie qui a perdu tout caractère humain.

L'avion qui se chargea de nous était un avion militaire.

Il me fallut payer mon siège et je n’eus droit en fait qu'à une place presqu'à même le sol, le dos contre des piles de sacs.

Le voyage fut rapide et bientôt nous fûmes projetés dans la chaleur étouffante de Saigon.

Je pris aussitôt un cyclo-pousse qui m'amena à toute allure chez ma sœur. Elle n'avait alors plus aucune nouvelle de moi ni de nos parents et se demandait ce que nous étions tous devenus.

Me voyant soudain arriver, avec mon bébé dans les bras, habillée de noir avec le turban blanc, elle se demanda de qui je portais le deuil. Elle ne pouvait pas savoir qu'il s'agissait de mon beau-frère aîné, Ngô-Đình Khôi, assassiné par les communistes, avec son fils unique.

J'arrivai à l'improviste alors qu'elle recevait notre tante, celle qui allait me tenir compagnie pendant mon séjour à Đà-Lạt. La surprise fut aussi immense que le fut notre joie malgré notre inquiétude d’être sans nouvelle de nos parents. Ils avaient disparu en même temps que mon mari.

Sans difficulté, je m'installai chez ma sœur. Sa fille avait justement l'âge de la mienne. Nous ne nous étions revues qu'une fois depuis mon mariage lorsqu’elle avait voulu découvrir mon nouveau cadre de vie. J'ignorais le sien à Saigon, aussi ce furent de vraies retrouvailles. Je disposai d’une confortable chambre pour moi et mon bébé et j’avais quelqu’un pour s'occuper de lui durant notre séjour.

Quelques jours plus tard, un prêtre rédemptoriste sonna à la porte. Je le reçus au nom de ma sœur qui fut priée de se présenter au monastère pour y rencontrer un messager venant du nord. J'y allais le lendemain, à sa place.

Et que vis-je entrer au parloir ?

Mon mari que je n'avais pas vu depuis un an !

Ne le reconnaissant pas, le bébé montra quelque réticence à se laisser prendre dans les bras de son père. Tout rentra bien vite dans l'ordre des choses surtout quand le papa vint s’installer sur place et qu’il put voir marcher sa fille. Elle était en retard pour tout mais finit par se rattraper.

Au bout d'un mois, nous prîmes la décision de repartir pour Đà-Lạt et d'aller vivre dans la maison d'un médecin ami de mon père, en attendant que soit terminée la villa que mon père avait commandée pour la famille.

Mon mari alla d'abord à Huế se présenter à sa famille et y prendre les affaires laissées là-bas dont je pouvais avoir besoin. Après quoi nous partîmes pour Đà-Lạt retourné à l'état sauvage mais qui se laissa rapidement rafistoler.

J'y vécus ainsi ma période la plus calme de la guerre franco-vietnamienne, avec mon mari, quand il pouvait de temps en temps me rejoindre pour un bref moment. Nous y eûmes deux autres enfants, deux fils, Trác né le 28 décembre 1947 et Quỳnh venu au monde le 23 août 1952.

Leur père continua d'aller et venir, disparaissant puis reparaissant sans jamais prévenir.

J'avais appris à ne plus me reposer sur lui.

Notre fille aînée grandissait à la tête de ses deux petits frères. Elle allait chaque jour à pied à son école, le Couvent des Oiseaux. Elle eut bien du mérite car il s'agissait d'une route de montagne qu'elle grimpait allègrement en compagnie de la cuisinière qui allait faire son marché après l'avoir laissée à l'école. Un jour qu'il avait plu, je la vis revenir portant son cartable avec peine. Quelle fut ma surprise de découvrir que le cartable était plein d'eau et que la cuisinière ne s'en était même pas aperçue pour le vider. Furieuse devant mon mari, qui se trouvait par extraordinaire présent, je courus prendre ma bicyclette sous la pluie et je l'enfourchai.

Je me contentai seulement de lui dire : « Cela ne peut plus durer. Je vais demander au Seigneur une voiture ! »

Mon mari resta sans voix et ne sut que hocher la tête, les yeux levés au ciel.

Je disparus sous la pluie battante, affrontant les pentes du lieu.

Et aussitôt survint ce qui me permit en effet d'avoir ma voiture personnelle. Une voiture fonctionnant parfaitement bien puisque c'était celle du directeur du garage. Il était prêt à me l'offrir si je l'aidais à vendre son garage un bon prix. Je ne connaissais rien à ces choses, n'ayant pour tout moyen de transport qu'une bicyclette. Je confiai l'affaire à mon mari. Il avait justement un cousin lointain de passage à Đà-Lạt et qui était à la recherche d'un garage à vendre. Manquant de liquidités, il demanda notre aide en attendant d'être payé pour les travaux qu'il exécutait pour des religieuses, les Filles de la Charité. Cela ne posait aucun problème si l'homme était digne de confiance et s'engageait à rembourser ce qui lui était avancé. L'affaire fut donc conclue. Du jour au lendemain, j'eus ma toute fringante voiture avec un garage professionnel pour son entretien.

Quoi de mieux !

Voyant comment l'affaire s'était rondement conclue à travers moi le cousin en question se mit en tête que j'avais des pouvoirs particuliers dans le domaine de l'argent et que je pouvais m'en procurer autant que j'en voulais. Bien que j'eusse prévenu les Filles de la Charité de ne payer leur homme que devant moi, elles ne le firent pas, considérant que ce n'était pas leur souci. De là, démarra le drame. Le cousin de mon mari reçut l'argent de ses travaux mais ne nous remboursa pas. Il se lança dans le serment classique : « Que je meure en crachant mon sang sur la route si je ne m'exécute pas en temps voulu ! »

Et c'est ce qui lui arriva en effet.

Sa famille épouvantée considéra qu'il avait ainsi payé sa dette et ne voulut rien régler. Mon mari dut finalement intervenir, je ne sais pas comment, mais personne ne me contesta la voiture-cadeau et elle me rendit bien des services durant tout mon séjour à Đà-Lạt jusqu'à notre installation à Saigon.

Pendant ces huit années, de 1946 à 1954, je n'eus pas d'autre lieu de refuge et d'habitation que ce lieu retourné à l'état sauvage. C'était au point de ne pas oser traverser le jardin, la nuit venue, pour aller à la cuisine, si l'on ne voulait pas se retrouver nez à nez avec un tigre.

Vivant seule avec mes enfants, je fus bien soulagée d'être rejointe par ma tante, fille de la troisième épouse de mon grand-père paternel. Elle était venue à Đà-Lạt pour accomplir son travail de secrétaire dans l'administration vietnamienne et pour y retrouver l'empereur Bảo-Đại qui y passait surtout ses vacances. Elle m'apprit à me servir d'une machine à coudre à pédale si antique que plus personne ne savait l'utiliser. Cela m'amusait d'autant plus et cela frappait de curiosité l'empereur que j'eus alors plusieurs fois l'occasion de rencontrer.

Je me souviens aussi avoir été regardée comme une « magicienne » pour avoir assisté à une de ses pêches. Pourquoi ? Tout simplement parce que, jamais auparavant, il n'avait fait une telle « pêche miraculeuse ». Un de ses domestiques qui était noir en avait les yeux ronds de stupeur. Moi-même, je me demandais s'il n'allait pas vider tout le cours d'eau ! Lui par contre gardait l'air impassible. Il se contenta d'un calme sourire lorsque le noir s'exclama : « Mais c'est incroyable ! »

Grâce à une connaissance commune, le général polytechnicien Nguyễn-Văn Xuân, premier président vietnamien dans l'administration française, nos rencontres se poursuivirent quelque temps.

Le général Xuân, cousin de mon père, allait souvent à Đà-Lạt pour y rencontrer l'empereur Bảo-Đại, cousin de ma mère. Pour que leur rencontre ait un caractère privé, ils ne manquaient pas de m'inviter à me joindre à leur dîner et la soirée se terminait toujours par une partie de bridge. Chacun me voulait à tour de rôle comme partenaire « de soutien ». Si mon partenaire gagnait, j'empochais son gain et s'il perdait, je ne payais rien. C'était donc gain total pour moi et cela me convenait parfaitement. Au lieu de prendre de l'argent, je me contentais d'un cadeau de mon choix. C'est ainsi que je gagnai avec Bảo-Đại, cette fameuse machine à coudre.

Ces soirées avaient pour moi un caractère plutôt familial car la politique était abordée avant ou après ma venue mais jamais devant moi.

Il arrivait que les parties de bridge soient remplacées par un pique-nique dans la forêt, ce qui me permettait de nager et me plonger dans les chutes d'eau si je le désirais. Je me distrayais donc vraiment bien avec des gens qui pourtant n'étaient guère portés à partager mes loisirs habituels.

Mon mari, au courant de ces soirées et de ces autres rencontres qui avaient lieu dans la journée, ne les évoquait pas si je n'en parlais pas moi-même. Elles durèrent le temps de mon séjour à Đà-Lạt et commencèrent à s'espacer lorsqu'en possession de ma petite Simca 8, acquise en troc avec le garage, je commençai à voiturer, par temps de pluie, les enfants que je rencontrais sur ma route. Je répondais ainsi au vœu que j'avais fait de transporter les enfants que je verrais sous la pluie si un jour j'avais une voiture.

A la saison des pluies, je n'en finissais plus …

Le prêtre qui disait sa messe quotidienne dans la petite chapelle située près de la maison finit par s'étonner de tous ces transports d'enfants et m'en demanda la raison. Quand il sut la vérité, que j'avais promis au Seigneur de transporter les enfants qui seraient sous la pluie s'Il me donnait une voiture, il s'exclama : « Mais c'est de la folie ! » Et il m'expliqua que le transport d'autrui et surtout d'enfants exigeait des garanties. C'est ainsi que je fus soulagée de mon vœu. Le premier effet de surprise passée, on me prit pour une originale, ce qui n'était pas nécessairement élogieux.

Cette vie de saltimbanque que je menai tout d'abord avec une bicyclette pour tout moyen de transport, puis quelques années plus tard avec ma Simca 8 sur laquelle j'avais appris à faire les petites réparations de première nécessité, dura jusqu'à notre départ pour Saigon.

Le 7 juillet 1954, Ngô-Đình Diệm, après un long séjour à l'étranger, revint au Việt-Nam. Il avait accepté la proposition de l'empereur Bảo-Đại de devenir le président du Conseil.

Ngô-Đình Diệm demanda alors à son frère cadet, mon mari, de le rejoindre à Saigon. A mon tour, je quittai donc Đà-Lạt pour m'y installer.

Il s'agissait d'un simulacre de remise de pouvoirs, une sorte de piège pour nous enfermer dans un processus à la seule main des colonialistes mais le destin du Việt-Nam ne pouvait alors s'accomplir qu'à travers la seule voie officielle qui lui était ainsi ouverte.

Ce poste élevé ne nous apporta rien du tout au début.

RIEN ! Si ce n'est une vie de paria pendant laquelle mon mari et son frère, avec le gouvernement, devaient s'enfermer la nuit au palais pour échapper aux mauvais coups de la police qui était celle des « Bình-Xuyên » (Pirates des rivières).

Au début de cette vie de fous et de filous, je vivais seule avec mes enfants dans les dépendances de la clinique Saint Pierre que mon beau-frère, alors évêque de Vĩnh-Long, avait fait construire à Saigon, pour son évêché.

J'avais choisi pour ma famille trois compartiments qui pouvaient faire office d'appartements, l'un pour l'imprimerie de mon mari qui publiait alors son hebdomadaire « Xả-Hội[34] » (Société) et les deux autres pour notre famille.

Nous ayant ainsi mis en position de reclus, le piège colon semblait avoir bien fonctionné puisqu' il s'était refermé sur nous. Il nous restait à voir la suite.

Les évènements dépassèrent l'inimaginable.

Ce que nous pouvions croire être le commencement de la fin s'avéra des plus accablants. Ne serait-ce que notre cadre de vie pitoyable à pleurer. Mais je n'avais pas de larmes pour cela car enfin, après tant d'années d'absence continuelle, mon mari était enfin censé être là tout le temps.

« Censé être là », mais en vérité personne ne le voyait.

Je savais qu'il était là mais il était invisible car il passait le plus clair de son temps au palais « Norodom », ancien palais du gouverneur général au temps de la colonisation et que les Français avaient mis à la disposition de notre gouvernement le 7 septembre 1954. Plus tard, cet imposant édifice deviendra le

---

[34] Avec la parution de cette revue, Nhu cherchait à promouvoir une nouvelle élite vietnamienne qui soit capable d'assumer les responsabilités inhérentes à l'essor du Vietnam, enfin libre.

palais présidentiel et recevra un autre nom, le « Dình-Độc-Lập » (Palais de l'Indépendance).

Mes trois enfants et moi-même étions parqués dans les deux appartements qui nous avaient été cédés en guise d'habitation à la clinique Saint Pierre. Je n'avais pas été longue à les arranger d'une manière coquette et à mon goût pour en faire une habitation familiale la plus agréable possible.

Dans un coin, près de la fenêtre s'ouvrant sur la cuisine, il y avait le bar avec ses hauts tabourets. Près du bar, au milieu de la pièce, j'avais installé la table pour nos repas en famille. Le salon était proche de la fenêtre qui donnait sur la cour et s'ouvrait sur la véranda où étaient accrochées les orchidées que mon mari aimait cultiver à Đà-Lạt. Elles arrivaient à survivre à Saigon. A côté du salon-salle à manger se trouvait notre chambre à coucher. De l'autre côté du salon-salle à manger, j'avais meublé la chambre des enfants avec leurs lits et un ancien bat-flanc sculpté qui servait de lit de repos pour leurs domestiques. Cette pièce s'ouvrait par une fenêtre sur la véranda de l'entrée. Chaque pièce avait en appoint une pièce arrière qui servait de salle de bain ou de cabinet de toilette. Derrière le salon-salle à manger se trouvait la cuisine.

Bref, je me trouvais à l'aise dans ce qui aurait pu m'attrister en songeant à tout ce que j'avais connu jusqu'alors. Je ne m'étais certes pas attendue à une installation confortable dans cet endroit qui s'annonçait tout à fait modeste.

Là aussi, il me fallut encore rester seule avec les enfants.

Mon mari était la plupart du temps au palais et n'apparaissait jamais qu'à l'improviste. Comme cette fois-là où, in extremis, il sauva notre second fils d'à peine un an d'une mort certaine et tragique au-delà de tout ce qu'il était possible d'imaginer. C'était un après-midi où il faisait particulièrement chaud.

J'avais mis le bébé sur une natte par terre, pour sa sieste, juste sous la fenêtre du bar s'ouvrant sur la cuisine. C'était alors l'endroit le plus frais. Et voilà qu'horrifiée, je vis sortir de terre, d'un tuyau d'environ quatre doigts de diamètre (huit centimètres de largeur) un serpent de la même grosseur ! Lentement, en sifflant, il rampait vers le bébé endormi à quelques pas. Il sortait progressivement du tuyau, je l'aperçus alors dans toute sa longueur. Je n'en avais jamais vu nulle part d'aussi impressionnant si ce n'est au zoo ou dans un livre d'images. Paralysée d'épouvante, je ne pouvais pas même crier. Soudain je vis la monstrueuse bête transpercée au milieu de son corps par un bâton pointu qui l'immobilisa net sur place, à l'encoignure des murs du sol. Les deux moitiés de son corps s'agitaient frénétiquement dans tous les sens.

C'était mon mari qui, de façon magistrale, avait tué net la bête.

Rampant vers le bébé, elle n'en aurait fait qu'une bouchée si elle avait atteint son but. Le secours fut si subit ! Et quel émerveillement devant ce coup de maître face à un monstre d'une telle taille.

L'image depuis m'est restée en mémoire comme une preuve de ce qu'était mon mari. Cet homme, plein de noblesse, qui ne voudra pas traiter de la même façon ceux qui pourtant s'attaqueront à lui, en traîtres, à la manière perfide et sinueuse de ce reptile.

Il y eut encore cet après-midi où je faisais une sieste solitaire dans ma chambre située dans le prolongement de l'imprimerie de mon mari. J'avais déniché au marché aux puces un salon ancien que je n'avais pu installer ailleurs que dans notre propre chambre, faute de place. J'avais pour ainsi dire transformé celle-ci en un précieux petit salon de style qui me plaisait énormément.

Soudain, j'entendis juste à côté de ma chambre, donc dans l'imprimerie de mon mari, des coups sourds répétés régulièrement comme si l'on cherchait à détruire méthodiquement quelque chose. Mes enfants faisaient aussi leur sieste dans leur chambre séparée de la mienne par le salon-salle à manger. Intriguée, je me levai pour voir de quoi il s'agissait. Sans bruit, j'allai silencieusement dans la pièce à côté car elle communiquait directement avec l'extérieur et donnait donc sur la cour de la clinique.

Et là, que vis-je ?

Une chose ahurissante !

Huit individus impeccablement habillés de sharkin blanc, ce tissu pour les complets d'été des hommes de Saigon, tous coiffés du même chapeau de paille, frappaient à coups répétés quelqu'un, couché par terre, au milieu d'eux !

Je ne voyais pas de qui il s'agissait. La personne paraissait écrasée à terre, recroquevillée sur elle-même.

Indignée, je me saisis d'un de mes sabots, ces chaussures de maison adaptées à la chaleur de Saigon et, avec force, je l'assénais à coups redoublés, sur le dos de ces énergumènes qui ne m'avaient pas vue venir et à qui je criais : « Vous êtes fous ! Qui attaquez-vous ainsi ? »

Bien entendu, j'arrêtai net leur calme et froide violence. Surpris par cette intervention inattendue, ils s'arrêtèrent… mais ce fut simplement pour se contenter de tourner leur regard dans une même direction, là où se tenait un individu, en même tenue qu'eux et que je n'avais pas remarqué.

L'individu leur fit juste un signe qui voulait dire : « Cela suffit. »

Tous se rangèrent aussitôt l'un derrière l'autre et partirent tranquillement par où ils étaient arrivés.

Je découvris alors leur victime qui n'était rien d'autre que le responsable de l'imprimerie de mon mari. Il avait été passé à tabac sans qu'il eût émis la moindre protestation ni tenté le moindre geste de résistance.

Sidérée, je lui demandais ce qui était arrivé. Il se contenta d'essuyer le sang qui dégoulinait de sa face avec un haussement d'épaule et il essaya de remettre un peu d'ordre à son aspect extérieur, avec un simple : « Oh ! Ce n'est rien. »

Devant sa volonté évidente de n'en pas faire une histoire, je n'insistai pas et je partis comme j'étais venue, pleine bien entendu des questions que je n'avais pas pu poser et bien décidée à les poser à mon mari. Mais il se contenta de me dire : « Ne t'en préoccupe pas ! »

Je dus me rendre à l'évidence. Tout ceci ne me regardait pas et cela m'éloigna encore davantage de tout ce qui concernait l'imprimerie de mon mari. D'autant que cet homme battu, et que j'avais délivré, continuait apparemment à occuper son poste.

Mon mari passa l'imprimerie à d'autres lorsqu'il quitta définitivement ces appartements qui nous avaient été réservés et qui avaient fini par me plaire tels que je les avais arrangés.

Je ne les retrouvai plus quand je dus quitter les lieux et m'éloigner du pays pour trois mois après la première manifestation populaire du million de réfugiés du nord-Viêt-Nam que, seule, j'avais réussi à mobiliser pour soutenir mon manifeste d'alors.

Cette histoire mérite d'être rappelée :

Après la signature des Accords de Genève le 21 juillet 1954 et la division du pays de chaque côté du 17ème parallèle, des réfugiés venus en masse du Việt-Nam nord arrivèrent au Việt-Nam sud. Personne n'avait prévu une telle marée humaine et rien n'était préparé pour l'accueillir. Les familles ne trouvaient à se loger que dans ces énormes tuyaux en ciment qui servaient à la construction des égouts. Je pus moi-même le constater lorsque j'allai les visiter.

La police qui était entre les mains des Bình-Xuyên (Pirates des rivières) était incapable de la moindre organisation pour y faire face. Elle ne pouvait que mal traiter cet afflux de malheureux qui nous arrivaient, hâves et décharnés, attirés par la nouvelle que le Président Ngô-Đình-Diệm avait accepté les « Pleins pouvoirs » de Bảo-Đại. Mais tout cela n'était encore que sur du papier.

Bảo-Đại avait quitté le pays. Il vivait le plus fréquemment à Cannes, sur la Côte d'Azur. Il s'était installé dans le château de Thorenc que les Français avaient mis à sa disposition. Lorsque Ngô-Đình Diệm sera élu premier Président de la République du Viêt-Nam, les Français relègueront Bảo-Đại dans un modeste appartement, à Paris, et ils n'essayeront plus de se servir de lui contre qui que ce soit.

Nous étions donc désemparés par la détresse de tous ces réfugiés. Je compris que si je pouvais leur apporter une aide quelconque je pourrais à mon tour compter sur eux si le besoin s'en faisait sentir, le moment venu.

Et ce moment vint rapidement et d'une manière toute fortuite.

J'avais été invitée avec mon mari à dîner dans un restaurant de Chợ lớn, la ville chinoise jumelle de Saigon, par le général polytechnicien Nguyễn-Văn Xuân, cousin de mon père et alors vice-président et ministre de la Défense sous le gouvernement de Ngô-Đình Diệm.

Le général Xuân invita aussi deux conseillers de l'Ambassade de France, Messieurs Wintrebert et Mourer, les deux qu'il savait les plus ouverts au Việt-Nam et qui pouvaient lui apporter leur soutien.

Pendant le dîner, je demandais au général Xuân pourquoi il n'avait pas démis de ses fonctions le général Nguyễn-Văn Hình, le chef d'Etat-major général de l'armée sud-vietnamienne qui n'en faisait qu'à sa tête et qui avait récemment ignoré les ordres du général Xuân lorsqu'il lui avait dit : « Allez rejoindre Bảo-Đại en France. »

Le général Xuân me répondit : « Trouvez-moi donc seulement cinq signatures qui approuvent cette démission que vous me conseillez- là ! »

Me levant de table, je lui dis : « Vous en aurez un million ! »

Les conseillers français n'eurent que le temps de s'exclamer : « Mais vous êtes dangereuse, Madame ! » avant que je quitte la table avec mon mari resté silencieux de bout en bout.

Ce fut le point de départ de ce qui allait devenir ma vie publique.

Il surprit tout le monde, y compris moi-même.

Après notre dîner, mon mari retourna au palais où logeait presque tout le gouvernement, avec raison, car personne ne faisait confiance à la police, incapable de faire régner l'ordre dans la ville ni d'apporter à la population le moindre sentiment de sécurité.

Quant à moi, je partis vers nos appartements de la clinique Saint Pierre.

A la porte de mon logement, je vis deux hommes faméliques, Quang et Hồ, qui attendaient mon mari.

– Non, ce n'est pas possible de le voir, il est au palais, leur expliquai-je.

Ils me donnèrent alors les raisons de leur présence :

– Nous représentons le million de réfugiés qui est venu à la nouvelle que le Président Ngô-Đình Diệm avait reçu les pleins pouvoirs de l'empereur Bảo-Đại. Mais la situation est en vérité intenable ici. La police Bình-Xuyên nous harcèle pour nous faire repartir alors que cela nous est impossible même si nous le voulions ! Que pouvons-nous faire ?

– Rien, pour le moment. Il faut le supporter. On verra après.

Mais devant leur expression de désespoir, j'eus pitié et je leur dis:

– A moins que vous ne m'écoutiez et fassiez ce que je vous dis ?

– Mais volontiers ! Telle fut la réponse.

A partir de là, démarra la première des actions que je mis à exécution sur le plan national, seule, comme mue par un sixième sens, et d'une manière imprévisible, rapide, expéditive même. J'eus, en retour, le plein succès, avec rien ni personne pour me seconder à part les réfugiés entre eux.

Je me bornai ainsi à dire aux deux hommes de faire savoir aux réfugiés dont ils étaient responsables de se contenter de faire, avec ce qui était en leur possession, quelques banderoles au bout de bâtons qui n'auraient pas plus de soixante centimètres de long. Ils n'auraient qu'à les brandir lorsqu'ils seraient pris en photos.

Ces banderoles devaient être rangées dans des cabas pour le marché, afin d'être exhibées au moment requis et porter, inscrite à l'encre, la proclamation :

« Nous soutenons la motion de Madame ... ». C'était tout !

– La date et le lieu du regroupement vous seront communiqués en temps utile ! Je ne vous ferai pas attendre ! Affirmai-je.

J'ajoutai cette ultime recommandation :

– Le succès de l'affaire tient dans son secret. Vous ne le saurez, pour le dire aux autres, que le moment venu et donc juste quelques heures avant.

Tout fonctionna comme prévu.

Au jour J, le 21 septembre 1954, j'utilisai le même messager pour annoncer l'heure, celle du marché, et le lieu du regroupement : le parvis de la cathédrale de Saigon.

Le messager revint rapidement pour me dire que la police, armée de mitraillettes, était prévenue ! (par qui ?) et qu'elle était déjà sur place à la maison dite « de verre », celle qui regroupait le plus grand nombre de réfugiés dans la capitale. Il y avait deux voitures blindées aux entrées. Je pris tout de suite ma petite voiture, une Panhard vert clair, accompagnée du messager, pour m'indiquer l'endroit, qui était d'ailleurs près de chez moi. Je vis que la police, en treillis et armée de mitraillettes, était en effet bien là, ainsi que les deux blindés signalés. Je descendis de ma voiture sans en couper le moteur et en y laissant le messager. Sans m'en éloigner, j'apostrophai la police armée de mitraillettes pointées sur les réfugiés :

– Que vous arrive-t-il pour empêcher ainsi les gens de faire leur marché ?

– Mais on ne les en empêche pas du tout ! fut la réponse de ceux qui me faisaient face et qui s'empressèrent de faire basculer leurs armes dans leur dos.

Me tournant vers les réfugiés, je leur dis :

– Vous voyez, on ne vous empêche pas de faire votre marché. Allez-y donc.

Lorsque les lieux furent vides de leurs occupants, je me tournai vers ma voiture et y montai quand, se reprenant, les hommes avec leur armes pointées sur moi, s'interposèrent :

– Non ! Pas vous !

– Et pourquoi ?

Sans plus attendre, je donnai un coup d'accélérateur au moteur toujours en marche et traversai le passage avant que la police eût le temps de reprendre ses esprits. Pris de panique, mon messager qui avait essayé de sortir et avait déjà passé la moitié de son corps hors de la portière, heureusement fermée, ne put mettre un frein à mon coup d'accélérateur. J'arrivai alors à la cathédrale où, sur le parvis, s'étaient déjà regroupés ceux qui étaient arrivés. Ils étendaient tranquillement leurs banderoles où ils eurent le temps de mettre mon nom. J'étais l'auteur de la motion qu'ils soutenaient.

Je m'empressai alors d'envoyer à l'unique journal de Saigon de langue française ma motion réclamant ce que je voulais, le départ du général Nguyễn-Văn Hình. L'étonnant fut que l'article de ce journal sur la manifestation du jour et ma motion fut censuré par notre propre ministre de l'Information. Il prétendit ne pouvoir soutenir une manifestation qui n'avait pas reçu l'accord du gouvernement.

Ministre dont j'étais d'ailleurs la seule à me méfier. Et avec raison. Jusqu'à la fin, et donc même après la disparition de l'UPLVN, il demeura avec ceux qui prirent notre suite malgré sa réputation pourtant d'être un agent secret des communistes. Ce qu'il était en vérité. Il fut aussitôt invité par eux quand les Américains abandonnèrent les lieux. Cependant, il préféra se suicider car entre-temps il avait pris parti pour l'impérialiste américain. Il ne pouvait pas imaginer que ce dernier abandonnerait la partie aux communistes après avoir débarqué les colonialistes.

Voilà comment un agent double et même triple a fini par laisser sa peau après avoir cru berner tout le monde presque jusqu'à la fin.

Ce cas illustre bien la dextérité machiavélique de l'homme qui réussit en ses combines presque jusqu'au bout.

Cette première manifestation que j'ai menée le 21 Septembre 1954 surprit tout le monde car je fus absolument seule pour y songer et la mener à bien. De plus, j'avais contre moi ce ministre de l'Information, un crypto-coco qui se prévalut de l'ignorance dans laquelle j'avais tenu le gouvernement pour censurer la motion soutenue par ma manifestation et qui fut publiée par l'unique quotidien français du Viêt-Nam. C'était le comble !

J'avais provoqué, sans le savoir, une telle onde de choc que le général Nguyển-Văn Xuân, vice-président et ministre de la Défense, démissionna trois jours après cette manifestation populaire qu'il n'avait pas vu venir et dont il se sentait coupable. En effet, selon les deux conseillers de l'ambassade de France, il avait bien entendu mes propos et avait eu le tort de les sous-estimer en les prenant pour « une simple provocation ».

Le général Xuân ne considérait pas avoir « trahi » le colon en ne me prenant pas au sérieux. Il dut démissionner tout de même. Je ne le sus que longtemps après, alors qu'il m'a toujours été le plus sympathique des membres du gouvernement tant qu'il en fit partie.

Le général Xuân fut considéré comme ma « première victime ».

Cousin de mon père, il m'était sympathique parce que son parler vietnamien était des plus approximatifs et donc drôle. C'est ainsi que lors de son premier discours en vietnamien, il avait retenu son souffle pour en crier fort les derniers mots, demandant en plus à son auditoire de les répéter après lui : « Việt-Nam Hòa-Bình Muôn Năm ! » (Mille ans de Paix pour le Việt-Nam !) Mais, avec sa mauvaise accentuation, cela devint : « Việt-Nam Hóa-Bịnh Muốn Nằm ! » (Le Việt-Nam devenu malade veut s'étendre !) D'où un immense éclat de rire en réponse. Cet évènement lui colla à la peau comme une étiquette qui ne le quitta plus jamais. Il est significatif aussi de la façon dont le « choix colonial » se faisait pour sélectionner ses collaborateurs.

Après cette manifestation spectaculaire du 21 Septembre 1954, le premier gouvernement de Ngô-Đình Diệm dut être remanié. Les Français obtinrent alors, avec l'aide des Américains, que la famille m'éloignât du Việt-Nam pour trois mois tant que le gouvernement ne serait pas tout à fait « stabilisé » en son premier remaniement.

Les élections auraient bientôt lieu pour désigner l'Assemblée constituante et l'Assemblée législative qui suivrait. Français et Américains voulaient s'assurer que je ne serais élue, ni à l'une, ni à l'autre.

Peine perdue !

Il suffira que j'inscrive ma candidature à l'une comme à l'autre pour être élue. Et cela me sera tranquillement assuré par mes électeurs, les réfugiés du nord, ceux-là mêmes qui avaient participé à ma première manifestation du 21 septembre 1954.

On comprit à cela que, désormais, je serais inamovible de mon siège.

Et ce fut le cas.

Quant à mon éloignement de Saigon, pour qu'il ne paraisse pas tout à fait comme une « punition », je fus envoyée à mon père, ambassadeur du Việt-Nam aux Etats Unis.

Le sénateur J.F. Kennedy fut alors l'unique officiel américain à m'avoir invitée à déjeuner au sénat avec mon père. Mise pour la première fois en contact avec cette institution centrale de l'administration américaine, je ne pus cacher ma surprise de voir ces hommes, tous d'un certain âge, se conduire en jeunots pour les places qu'ils préféraient à d'autres. Mon père paraissant embarrassé devant ma surprise, J.F.Kennedy prit le parti d'en rire pendant que j'en oubliai d'occuper le siège que les assistants avaient laissé libre par égard pour l'unique femme étrangère que j'étais ce jour-là.

J'allai aussi à Hông-Kông où je fus installée dans le couvent italien des chanoinesses de Canossa.

Je me sentis à l'aise dans cette immense ville même si je ne parlais pas le chinois. Les habitants qui me prenaient tout bonnement pour une des leurs me lançaient des regards pleins de sympathie. J'avais pris en effet l'habitude de faire ma petite promenade matinale dans les quartiers autour de ce couvent qui était regardé avec bienveillance par l'entourage.

Hông-Kông me rappelait Chợ lớn, la ville chinoise jumelle à Saigon. C'était la même effervescence, sauf que les Chinois installés au Việt-Nam y parlaient le vietnamien, servaient des plats việts et paraissaient se sentir aussi Việts que Chinois. Plus tard, je reviendrai à Hông-Kông pour y faire l'acquisition de mes plus beaux jades. Pour l'heure, je passais mes journées avec les enfants chinois qui apprenaient l'anglais. Je pus pratiquer quotidiennement cette langue avec une institutrice britannique et consolider ainsi la base de l'anglais scolaire appris depuis l'enfance dans mon lycée français. Je passai donc des vacances studieuses à perfectionner une langue qui allait me préparer à un univers jusque-là inconnu, celui des débats avec un auditoire rompu aux joutes verbales.

Je ne retournai au Việt-Nam qu'après les premières élections de la République et je me sentis aussitôt replongée dans cette atmosphère délétère que les colonialistes chercheront sans répit à nous imposer.

Je comptais bien trouver à mon retour le pied-à-terre que j'avais arrangé avec soin, persuadée qu'il me serait permis d'y rester. Mais point du tout, je fus menée directement au palais de l'Indépendance où mon mari avait fini par s'installer. J'y fus cantonnée dans une seule pièce, à l'arrière. Elle nous servit de chambre, à mon mari et moi, ainsi qu'à nos trois enfants !

La nuit venue, on étendait autour de notre lit les pliants de toile des enfants pendant que la Xẩm (nourrice chinoise) qui gardait le plus jeune de mes fils s'en tirait un autre dans la salle de bain.

Cela dura je ne sais combien de temps mais il fallut attendre que toute cette aile où se trouvait notre chambre fut enfin libérée de ceux qui y cherchaient refuge tant ils se sentaient en danger chez eux.

C'est dire à quel point les colons étaient dénués de tout scrupule pour vouloir maintenir ainsi cette « terreur » autour de notre famille qui s'était retirée dans le palais qu'ils avaient pourtant mis à sa disposition.

Je regrettai sérieusement le confortable petit appartement que j'avais installé au mieux avant d'avoir dû quitter le pays. Ma seule consolation alors fut que mari et enfants étaient enfin réunis, serait-ce dans cette atmosphère de menace continuelle.

Mon père, alors ambassadeur du Việt-Nam aux Etats-Unis, me rendit visite. Il fut franchement outré de me voir camper dans une installation aussi sordide. Il paraissait se demander si je n'avais pas perdu l'esprit à force de vivre des épreuves au-dessus de mes forces. Mais il lui fallut réaliser que, sereine comme d'habitude, je paraissais ne même pas voir ce qui le désespérait.

Avec le temps, je pus bien sûr apporter les améliorations qui s'imposaient. L'aile droite du palais réservée à notre famille devint la partie la mieux agencée et la plus élégante alors que l'aile gauche, opposée à la nôtre et qui servait d'appartement privé au Président, restait monacale.

Nos appartements étaient pourvus de deux immenses chambres à coucher sur le devant et de deux autres pièces à deux étages. Sur le balcon très spacieux qui prolongeait ma chambre je pus installer mon bureau. Mon fils aîné partagea l'autre chambre avec son frère plus jeune. Il put s'y créer son propre espace personnel. Ma fille aînée préféra aller de l'autre côté de l'escalier pour s'aménager une chambre au-dessus du bureau de son père.

Nous étions enfin installés d'une manière décente même si je déplorais qu'il n'y eut pas assez de place pour me permettre d'installer une petite cuisine quelque part, près de là. Notre cuisine se trouvait si éloignée que je n'y allais jamais. Les plats parfois nous arrivaient froids, mon mari ne put jamais déguster un de ses plats préférés, le soufflé au fromage. C'est l'inconvénient des grandes demeures. Mais notre salle à manger personnelle finit par devenir la salle à manger officielle lorsque le Président y venait pour les soirées mi-officielles. Il y viendra aussi parfois pour partager nos repas familiaux. C'est dire le sérieux avec lequel il prit notre installation dans le cadre qui m'entourait.

Le 23 octobre 1955, Ngô-Đình Diệm organisa un référendum où il proposa au peuple vietnamien l'instauration de la République sous sa responsabilité ou le maintien du statu quo avec Bảo-Đại.

Avec une majorité de 98% contre Bảo-Đại, il eut le plein assentiment de ses compatriotes pour construire la nouvelle République qui sera appelée République du Việt-Nam (RV). Son armée sera appelée Armée de la République du Việt-Nam (ARV).

Le nouveau Président demanda à son frère, mon mari, de devenir son conseiller politique. C'est à ce titre que dans ses fonctions, Ngô-Đình Nhu fit prévaloir la « Nhân-Vị » telle qu'elle lui fut inspirée : la Transcendance de la Personne Humaine, c'est-à-dire sa « Régénération » par sa capacité de pratiquer la Vertu, comme nous l'enseigne le Christ (Mt.19, 28).

Dans la foulée, l'Assemblée nationale et constituante fut élue. Mon mari y fut élu député. Du fait de mon éloignement je m'étais inscrite à distance et je fus également élue.

La Constitution, définitivement votée par l'Assemblée constituante, fut promulguée le 26 octobre 1956. Cette date devint celle de notre Fête nationale. L'Assemblée constituante fut muée en Assemblée législative conformément aux dispositions de notre Constitution.

Nos institutions étaient en place.

Si le calme intérieur était revenu grâce à l'action énergique du Président contre les sectes et les Bình-Xuyên, il nous fallait rester des plus vigilants quant aux menaces extérieures que faisaient peser sur nous nos opposants. Les coloniaux français avaient ouvertement fait du Cambodge leur base de repli en y installant tout leur attirail de « Terreur » contre le Việt-Nam. Ce sera du Cambodge que partiront contre nous toutes les attaques criminelles colonialistes, en particulier aériennes. C'est dire que le cynisme était total. La première attaque sera anodine, comme un petit essai.

Cela se passa au cours de l'année 1957.

Une foire économique avait été organisée à Ban-Mê-Thuột, la ville la plus importante de la région des Hauts-Plateaux. Dans cette région, la terre est très riche et très propice à la culture industrielle. Les grandes exploitations de thé et de café appartenaient pour la plupart à des sociétés ou à des particuliers français. Le gouvernement voulait y stimuler la culture du coton pour l'exportation et l'industrie locale. A l'occasion de cette foire qui se voulait exemplaire, les membres de l'Assemblée nationale avaient été invités et son inauguration devait être fêtée en la présence même du Président de la République.

Au cours de la cérémonie, le Président fut l'objet d'une tentative d'assassinat de la part d'un jeune cadre marxiste qui tira sur lui avec une mitraillette qu'il avait cachée sous sa veste. Un des ministres fut blessé. L'homme fut arrêté, jugé et condamné à mort. Mais le Président le gracia sûrement puisqu'il fut libéré de sa prison tout de suite après le coup d'état de 1963.

Son acte criminel, perpétré lors de l'exposition organisée par Lê-Văn Kim, compromettra cet officier déjà promu directeur de l'Ecole militaire des officiers de Đà-Lạt.

Donner quelques détails sur cet officier ne peut que faire comprendre l'étroite marge de manœuvre du gouvernement qui ne pouvait pas se méfier d'emblée de ses collaborateurs potentiels sous le seul prétexte qu'ils avaient collaboré avec les Français. Il se trouvait pour ainsi dire forcé de les reprendre à des postes de responsabilité. En l'occurrence, Lê-Văn Kim avait été nommé provisoirement aide de camp de l'Amiral Thierry d'Argenlieu[35] qui avait lui-même été nommé Haut-commissaire

---

[35] Thierry d'Argenlieu avait renoncé à sa vie monastique pour servir la France lorsqu'elle entra en guerre en 1939. Il finit sa vie comme moine.

du Việt-Nam par le Général de Gaulle, le 17 août 1945. De simple aide de camp, il devint et resta le directeur de l'Ecole inter-armes des officiers de l'Armée vietnamienne durant le temps de l'UPLVN-NV.

Lê-Văn Kim était le gendre de ce docteur, ami de mon père, dont la villa me servit de refuge en attendant que soit terminée celle que mes parents avaient commandée à un entrepreneur italien. Lorsque cette villa sera enfin achevée, je ne serai plus à Đà-Lạt mais à Saigon. C'est ma sœur qui en prendra possession jusqu'à son départ pour rejoindre nos parents installés aux Etats-Unis. Elle s'y lancera tardivement dans les études qui l'intéressaient depuis toujours et obtiendra de brillants diplômes. La villa et les lieux seront alors abandonnés par les miens jusqu'à ce que j'y acquière ma propre résidence.

A Saigon, nous commencions à vivre peu à peu une existence normale avec pourtant et constamment ce climat d'instabilité et d'hostilité entretenu par les coloniaux toujours attachés à leurs affaires et leurs intérêts. Nous ne nous attendions toutefois pas à un autre bombardement directement dirigé contre nous, au palais de l'Indépendance.

Le 11 novembre 1960, à 1h30 du matin, le lendemain même du jour de l'élection de J.F. Kennedy à la présidence des USA, éclata un étrange « coup d'Etat » de la part de ces officiers de l'armée vietnamienne que l'on savait être des agents du colon et qui fut présenté comme une trahison de la garde présidentielle. Avertis de cette attaque, deux neveux du Président se précipitèrent pour le délivrer. Dans le chaos général, ils furent assassinés sur place.

Un officier bien connu, le général Nguyễn-Khánh vint ensuite se présenter au palais comme porte-parole de ses camarades.

Je connaissais bien Khánh, l'aide de camp du cousin de mon père, Nguyễn-Văn Xuân, polytechnicien et premier président du premier « Gouvernement » que le colon installa au Sud-Viêt-Nam en 1954 après sa défaite de Điện-Biên-Phủ.

Il se présentait à moi pour connaître mes goûts pour les pique-niques qu'il organisait en forêt. Parmi les principaux invités, il y avait l'empereur Bảo-Đại, mon cousin le plus proche par la branche maternelle. Il faisait bien comprendre qu'il ne viendrait que si j'étais l'autre principale invitée.

C'étaient donc ceux qui organisaient ces tranquilles sorties en forêt avec Bảo-Đại et le général Nguyễn-Văn Xuân qui étaient à la tête de ce « coup d'Etat » ? Je compris aussitôt qu'ils n'avaient pu qu'être manipulés par l'étranger et donc par les colonialistes.

Khánh pria tranquillement le Président de bien vouloir recevoir la délégation de ses camarades qui voulaient lui présenter leurs « desiderata » et mettre ainsi fin au « malentendu » qui avait déjà causé plusieurs morts parmi les soldats de la garde présidentielle. En insistant pour être reçus par le Président, ils savaient qu'ils le touchaient en son point faible, ce désir de paix qui le poussait toujours à chercher la conciliation plutôt que l'affrontement.

Ce soir-là, le Président et les hommes de sa garde étaient tous en pyjamas puisque c'était la nuit.

Mon mari laissa son frère gérer la situation. Quant aux enfants, ils avaient été conduits avec moi au sous-sol. Après quoi, je décidai de remonter à l'étage supérieur.

Sur l'ordre du Président, on introduisit Khánh devant lui pour qu'il présente sa « requête » dictée par un groupe d'officiers dissidents qui était en train de la proclamer à la radio d'Etat. Le Président se contentait d'écouter la requête sans rien dire. Tous savaient qu'il avait horreur de ce qui pouvait dégénérer en violence. Lorsqu'il dit qu'il ne voulait pas faire couler le sang, j'intervins aussitôt :

– Pourquoi dites-vous cela ? Je suis bien prête, moi, à le donner mon sang !

Devant le silence du Président, les hommes de la garde présidentielle, toujours en pyjamas et donc indétectables, me firent signe qu'ils voulaient me parler.

Je me retirai pour les écouter. Ils se contentèrent alors de me montrer le parc :

– Ne parlez pas à ce traître, faites-le appeler dehors. Et ils me firent voir dans le parc les cadavres de bêtes éventrées, les quatre pattes en l'air, tuées par le croisement des tirs.

Je ne voulus pas que cet homme soit massacré de la sorte et j'allai vers mon mari pour le prier d'intervenir.

Et lui de me demander :

– Que veux-tu que je fasse ?

– D'abord, que tu écartes Khánh pour qu'il n'ait pas le sort des bêtes. Ensuite, que tu envoies des hommes pour reprendre la radio en nous laissant ici le nombre d'hommes suffisants pour défendre le palais !

Mon mari fut tout de suite d'accord avec moi. Aussitôt dit, aussitôt fait. Nous reprîmes le contrôle de la radio.

Khánh était encore au téléphone avec ses complices lorsqu'ils se virent encerclés. Ils pensèrent avoir été trahis par lui et l'insultèrent copieusement.

La plupart s'enfuit au Cambodge, séjour habituel de nos opposants.

C'est ainsi que se termina le premier essai de « coup d'Etat » du colon. Il s'était préalablement assuré de la « neutralité » de l'Ambassade des Etats-Unis au Việt-Nam. Je le découvris lorsque, mise au même rang que le Président et mon mari, je reçus avec eux celui qui représentait les Services secrets des USA.

Il s'attacha essentiellement à me démontrer leur neutralité et à la justifier.

Devant les preuves de cette neutralité que je trouvai d'abord étrange puis scandaleuse, je lançai immédiatement cette remarque pour le leur faire comprendre : « Je n'attends pas cela de la part d'alliés et donc d'amis ! »

Le Président et mon mari se contentèrent, eux, de garder le silence.

Quoiqu'il en soit, ma réaction fut aussitôt connue aux Etats-Unis. C'est la raison, semble-t-il, de la curiosité très particulière que je provoquai lors de la visite officielle du vice-président

Lyndon Baines Johnson lorsqu'il se rendit au Viêt-Nam pour y rencontrer le Président le 12 mai 1961.

Il arriva par un doux après-midi, entre son épouse et la sœur du Président Kennedy, Mrs Jean Smith.

Je ne connaissais même pas de réputation nos visiteurs et je n'en attendais donc rien de spécial. Je remarquais néanmoins que les hublots de l'avion étaient complètement obstrués par les passagers depuis l'arrêt de l'avion jusqu'à son ouverture. Et le plus curieux, alors, fut la brusque sortie d'une sorte de géant qui jaillit dès l'ouverture de la porte. Il s'élança dans le mépris total du protocole qui l'attendait au pied de la passerelle et donc de son homologue vietnamien qui se vit totalement ignoré.

D'un trait, l'invité franchit l'espace qui le séparait du rang de la réception officielle pour arriver droit sur moi qui me trouvais en retrait au premier rang des épouses des officiels, comme si le vice-président vietnamien n'existait pas. Aussi dut-il courir derrière son visiteur de marque sans que ce dernier en paraisse perturbé le moins du monde. Manifestement, il n'avait détecté que ma présence à travers le hublot de son avion. J'étais pourtant bien retirée et à bonne distance.

Ce fut la première surprise et elle était de taille. Mais ce n'était encore rien comparé avec ce qui allait suivre et qui serait fort gênant pour notre visiteur.

Il ne connaissait pas les manières strictement vietnamiennes du Président envers les femmes et donc envers sa belle-sœur en premier lieu. Il n'était pas question de se lever en ma présence devant le Président, le faire aurait paru vouloir lui donner une leçon de politesse. Dilemme donc. Je ne me rappelle plus comment L.B.Johnson se tira d'affaire, je me souviens seulement de son évident embarras qui me fit sourire. J'aurais pu tranquillement lui dire de ne pas se préoccuper de la différence du protocole pour le sexe. Mais je ne le fis pas car la gêne provoquée m'amusait.

Pendant la visite officielle, j'eus différentes occasions de ressentir une réelle sympathie pour notre visiteur de marque jusqu'à ce que survienne un incident qui allait nous frapper tous d'une indicible surprise.

Un évènement stupéfiant.

D'abord pour moi qui le vécus en direct au point d'en être littéralement abasourdie comme toute l'assistance qui en fut spectatrice.

Qu'on juge de la surprise, que dis-je de l'ahurissement provoqué. Il s'agissait du déjeuner officiel de la part du vice-président vietnamien en l'honneur de son homologue américain. Tout le corps diplomatique et le gouvernement étaient présents en une longue tablée où se tenaient face à face les deux vice-présidents. J'étais à la droite du vice-président américain pendant que son épouse était à la droite du vice-président vietnamien. A la gauche de l'Américain, était l'épouse du président de l'Assemblée nationale.

Pendant le repas, l'Américain tenait absolument à obtenir mon acquiescement à son invitation de venir visiter son ranch au Texas aussitôt que possible. Il ne l'obtint pas car ce n'était pas dans mes projets.

Devant son insistance, je lâchai enfin cette boutade :

– Je viendrai quand vous serez Président des Etats-Unis !

Ces quelques mots lui firent un effet foudroyant. Johnson se leva d'un bond en s'emparant de ma main gauche. De son pas de géant, il me tira à sa suite et je n'eus que le temps, passant derrière nos sièges, d'agripper le bras de la voisine de gauche du vice-président américain. Il nous fut impossible de résister à l'élan du Texan.

Les yeux fixés droit devant lui, il se dirigea à larges foulées vers le grand balcon de la salle. C'est là seulement, qu'arrivé sur le balcon, il s'aperçut que j'avais entraîné avec nous sa voisine de gauche. Il ne réalisa qu'alors le ridicule de la situation et pour s'en dégager sortit le premier prétexte qui lui vint à l'esprit :

– Je voulais que vous me montriez d'ici le paysage de Saigon !

Ma voisine que j'avais tirée à ma suite ne faisait que répéter toute agitée : « Kỳ gị quá ! » (trop bizarre !) pendant que je n'arrivais pas à arrêter le fou rire nerveux qui m'avait prise ! Il y avait de quoi ! En effet, voyant son invité américain se lever, le vice-président vietnamien crut qu'il voulait faire un discours, aussi s'était-il empressé de frapper sur son verre avec sa cuiller pour demander le silence. D'où l'attention générale décuplée par notre course vers le balcon, avec notre voisine entraînée dans cette étrange échappée et qui ne savait que répéter à haute voix ! : « Kỳ gị quá ! » (trop bizarre !)

Johnson se vit plongé dans une situation plus qu'embarrassante et nous n'arrivions pas à faire taire notre voisine bien perturbée qui se perdait en protestations des plus embrouillées. Quant à moi, je devais m'estimer heureuse d'avoir eu assez de présence d'esprit pour ne pas m'être laissée exposer, seule, aux côtés de mon imprévisible voisin.

Face à cette longue tablée de têtes tournées interrogativement vers nous, je n'avais comme explication à donner que ce fou rire irrépressible. Mais pauvre Johnson ! Comment allait-il s'expliquer avec sa femme ? Et que dirait le Président Kennedy lorsque sa jeune sœur lui raconterait cette anecdote ?

Il revint à sa place. Il nous parut quand même sonné de s'être ainsi donné en spectacle et d'avoir perdu la tête à la seule idée qu'il puisse devenir Président des Etats-Unis. Idée qui avait percuté en lui une résonnance profonde. En était-il déjà à ce point possédé ? Et tout cela devant une assistance importante et officielle.

Que penser de ma boutade qui se voulait simple plaisanterie et qui s'avéra prémonitoire puisque Johnson devint effectivement Président des U.S.A.

Et que penser des tragiques circonstances qui s'amoncelèrent sur le Việt-Nam pendant son mandat présidentiel ?

Et lui, L.B. Johnson, président complètement paralysé par la gravité de la situation, ne sachant que faire et se maintenant dans un immobilisme total. Certes, le pire moment de son existence.

Pourquoi ? Parce qu'on sentait bien qu'il n'avait aucune idée précise de ce qu'il fallait faire pour répondre à toutes les questions qui se bousculaient vers lui à propos de notre pays.

C'était pitoyable de voir ses moyens paraître inexistants face aux offensives communistes.

Il les laissa ainsi démanteler le Centre du Việt-Nam qui, depuis toujours, savait se tenir par lui-même sans avoir besoin de personne et qui avait été sous la simple bonne garde de mon jeune beau-frère, Cẩn, l'autre célibataire de la famille.

Le 2 novembre, après avoir quitté les Rédemptoristes canadiens dont il avait toujours été le bienfaiteur pour rejoindre Saigon, il fut pris par les rebelles et passa devant un tribunal pour un simulacre de jugement. Machination qui devait faire croire à du « sérieux » pour dissuader les impérialistes d'intervenir et leur faire ainsi endosser le crime perpétré.

Ngô-Đình Cẩn fut carrément fusillé en mai 1964, sans procès digne de ce nom. Avec lui, on supprimait le dernier frère Ngô-Đình encore au pays.

Ma lettre pressante auprès de Johnson, je l'avais faite par acquit de conscience car je savais bien que la machination était déjà en marche.

Mais il fallait au Việt-Nam le coup de grâce pour qu'enfin il sorte de l'ultime traquenard en y entraînant l'impérialiste américain.

Ce fut tout simplement tragique et lamentable.

Ce coup de grâce vint avec L.B. Johnson qui ne s'en remettra pas alors qu'il était pourtant doué d'instinct et de flair politique.

Après ?

Ce fut fini.

Le Việt-Nam fut débarrassé des derniers Français qui y restaient tandis que L.B.Johnson était achevé sans rien comprendre de ce qui lui arrivait pendant que les journaux publiaient la pitoyable confession de sa « lâcheté ».

Impossible de voir situation plus dramatique que cela.

J'avais pourtant autrefois fait l'impossible pour essayer de lui faire comprendre la problématique du Việt-Nam lorsque, juste avant l'horreur commise contre mon pays, au cours de ma dernière visite aux Etats-Unis à l'automne 1963, j'avais accepté de me rendre au Texas, invitée par un voisin de Johnson. Cela pour le cas où tout naturellement il lui aurait été possible de me téléphoner et de me dire : « Pourquoi ne pas faire un saut chez moi ? Vous verrez mon ranch ! »

Mais pour s'être laissé aller à sa bouillante nature, une seule fois, au Việt-Nam, il en resta paralysé à jamais.

Depuis, sur toutes les photos vues de lui, on ne discernait plus que l'homme figé qui pensait devoir faire son possible pour se maîtriser. Il le montra dans cette unique lettre que je reçus de lui, en réponse à celle où je lui demandais pourquoi il avait l'air « d'avoir peur » de moi ?

Il m'écrivit: « How can I be afraid of such a lovely lady as you ? » (Comment puis-je avoir peur d'une dame aussi délicieuse que vous ?)

Cette lettre, dans le paquet de correspondances laissé derrière moi à mon départ de Paris, faisait partie des affaires que j'avais confiées à un ami chartiste de mon mari quand je décidai de quitter Paris pour m'installer à Rome. Elle ne me fut jamais rendue. Je ne m'explique pas la perte de cette lettre ni non plus ce fait étrange qu'une des très proches relations de cet ami lui ait demandé de prévenir mon fils aîné qu'il voulait le voir avant de mourir. Il ne prévint pas mon fils.

Dans un article de presse, je lus plus tard que cet ami de mon mari récusait faire partie des services secrets français. Tout ceci me laisse pensive. Jusqu'à quel point pouvions-nous accorder notre confiance à ceux qui nous entouraient depuis notre départ du pays ?

Pour en revenir à Lyndon Baines Johnson, ce fut un grand désastre que son fiasco au Việt-Nam lorsqu'il devint le président des Etats-Unis après l'assassinat de J.F.Kennedy.

Heureusement toutefois qu'il eut un sursaut de raison, qui ne prouva d'ailleurs pas grand chose, lorsqu'il se secoua à temps pour interdire le bombardement américain de Hà-nội et donc du petit lac au centre de la cité, ce petit bijou, témoin ancien des siècles passés de la ville.

Rappeler ce qui arriva au Việt-Nam avec Lyndon B. Johnson est l'exemple historique d'un aberrant et tragique ratage qui aurait été tout autre avec juste un peu d'inspiration alliée au bon sens.

Mais avant d'en arriver là, nous dûmes endurer un nouvel essai de coup d'Etat de la part d'officiers de l'armée vietnamienne bien connus comme agents du colon. Il éclata le 27 février 1962, au petit matin.

Un groupe d'avions étaient partis en mission de bombardement lorsque deux d'entre eux, prétextant des ennuis mécaniques, demandèrent à regagner leur base. Sur le chemin du retour, ils firent un détour et survolèrent Saigon. Ils foncèrent alors sur le palais pour le bombarder. L'un des deux avions, touché par la DCA, fit un atterrissage forcé sur la rivière de Saigon. L'aviateur fut capturé, jugé et condamné à mort. Le Président voulut toutefois le gracier et il sortira de prison après le coup d'Etat du 2 novembre 1963. L'autre aviateur fila au Cambodge où il retrouva nos opposants habituels.

Une bombe tomba au point d'inertie du palais. Destinée à tout faire crouler d'un coup, elle n'éclata pas. La partie qui fut la plus particulièrement visée fut son aile droite, celle où vivait ma famille. Cette aile s'écroula en son entier sur le logement de l'amah chinoise[36] qui eut juste le temps de prendre dans ses bras ma dernière-née, Lệ Quyên, avant de se retrouver coincée sous une poutre tombée du balcon de la chambre de mon fils aîné, absent ce jour-là. Ma fille aînée qui était dans l'aile arrière se précipita sur les lieux pour dégager sa petite sœur des bras de l'amah et pour prendre son frère de neuf ans. Coincée par sa poutre, il fut impossible de libérer la nourrice. Ma fille aînée bondit pour aller lui chercher du secours mais à peine eut-elle descendu l'escalier qu'il s'écrasa sous les flammes, entraînant tout l'étage avec lui et empêchant tout retour en arrière. Mon mari ne pouvait plus rejoindre les enfants à cause du feu et il dut prendre

---

[36] La nourrice chinoise de Lệ Quyên née le 26 juillet 1959 dans le palais présidentiel.

un couloir de traverse pour aller chercher de l'aide. Quant à moi, courant à la salle de bain pour enfiler une robe de chambre sur ma chemise de nuit, je me vis soudain entourée de flammes de tous côtés. J'essayai de les éviter. Je tombai ainsi dans un trou de deux étages béant de dix mètres et auprès d'une bombe qui n'éclata pas.

Le temps de me relever et de me retrouver à l'air libre, la partie centrale du palais n'existait plus.

Plusieurs côtes cassées et le corps brûlé, je titubai au milieu des gravats vers une présence que je décelai à quelques pas. Mais avant de l'atteindre, je perdis connaissance. C'était mon mari ! Il me croyait déjà morte au spectacle de toute l'aile droite, en flammes. L'aile gauche épargnée par le feu ne tenait plus à rien, lézardée de partout. Pour avoir tout perdu dans les flammes, je ne pouvais plus compter que sur les quelques robes en préparation chez ma couturière. Cela suffit pour éteindre en moi tout goût pour un nouvel achat.

A partir de là, je regardai le colon avec encore plus d'horreur.

De la destruction du palais de l'Indépendance, ancien palais du gouverneur de la Cochinchine pour la France, Lalouette, l'ambassadeur de France au Việt-Nam, n'alla pas jusqu'à exprimer sa satisfaction. Il se contenta de dire que ce qu'il regrettait surtout de sa destruction c'était la perte des magnifiques peaux de tigres, tous tués par mon mari, qui ornaient somptueusement l'entrée de notre chambre à coucher.

Ayant un jour montré ces peaux à Madame Johnson et à Madame Smith, la sœur du président Kennedy, lors de leur visite officielle, il en fut tiré des photos. Grâce à cela, leur souvenir n'en est pas totalement perdu.

Le Việt-Nam connut en mon mari un chasseur de tigres émérite. Bien souvent, il était sollicité par les paysans lorsque les tigres approchaient trop près de leurs villages. Il regretta, une seule fois dans sa vie, d'avoir vu lui échapper un de ces superbes félins pour n'avoir pas voulu tirer sur lui une seconde balle par crainte d'abîmer sa peau.

Les photos témoignent de la splendeur de ces trophées uniques au monde. Mon mari savait le plaisir qu'il m'apportait avec ces cadeaux qu'il était bien le seul à pouvoir m'offrir.

Quant à la destruction du palais de l'Indépendance par le colon, je ne sais quel plaisir il éprouva à le détruire. La France est encline à vouloir impressionner le monde avec ses constructions mais on n'y trouve aucune touche personnelle. Ces affreuses tuyauteries dans les couloirs du palais avaient de quoi nous révulser d'horreur pourtant elles avaient laissé indifférents ses précédents occupants qui s'en accommodèrent. Question de goût personnel. Un peu étrange tout de même.

Je ne sais ce qu'il en fut pour le nouveau palais « construit surtout pour moi » fut-il prétendu. Je ne l'ai jamais vu sauf sur des photos qui me furent envoyées par des âmes bien attentionnées.

En tout cas, la rage française contre le Việt-Nam que nous représentions, après s'être exprimée dans la destruction du palais de l'Indépendance, ne se calma pas. Il lui fallait détruire encore bien davantage.

Huế aussi eut à en souffrir. La maison familiale ancestrale des Ngô-Đình aux boiseries finement ouvragées fut détruite.

L'indépendance du Việt-Nam-sud dura près d'une décennie, de juillet 1954 à novembre 1963[37]. La République promulguée le 26 octobre 1956 ne correspondit guère à ce que dont nous avions rêvé pour notre pays. Cependant, au cours de cette période, il réussit à faire surface malgré l'accumulation de ses épreuves. Il put montrer au monde ce que peut être une nation consciente de la vertu comme seule base digne d'être respectée.

---

37 Au mois d'avril 1961, Ngô-Đình-Diem se présenta aux élections présidentielles au milieu de plusieurs autres candidats. Il accepta de s'affronter à ses adversaires, de supporter les critiques de ceux-ci et du public. Il se présenta devant les électeurs en chair et en os dans les réunions électorales. Il recueillit 60% des voix. (Cf : Truong-Vinh Le : *Viêt-Nam, où est la vérité* ? aux Ed. Charles-Lavauzelle, 1989)

Que n'a-t-il alors entendu comme critiques contre lui et tout ce qu'il faisait et cela sur tous les tons de la part de l'Occident dit « messianique » mais en vérité constitué surtout de colonialistes et d'impérialistes. Elles finissaient par être ridicules ces critiques qui ne tenaient pas compte de nos réalisations tangibles en feignant de les ignorer.

Il suffisait pourtant de regarder les photos et les reportages de ce qui avait été accompli au Viêt-Nam et de les comparer à ce qui se réalisait ailleurs.

Mais rien. Aucun éloge. Que d'oiseuses critiques. Rien de plus.

En ce qui concerne ma propre activité pendant ces dix années, je ne cessai pas d'innover en ma qualité de chef du Mouvement de Solidarité que j'avais créé.

Il le fallait eu égard aux obligations en tous les domaines qui incombaient alors à la femme vietnamienne.

Je ne rencontrai aucun empêchement dans le sud mais lorsqu'il me fallut penser au centre du Việt-Nam, beaucoup plus traditionnaliste, je sentis de la réticence chez mon beau-frère, Cẩn, qui était jusque-là le seul responsable de la région et la maintenait dans un calme parfait sans qu'il en coûte rien au sud.

J'ai démarré dans la vie politique sans en avoir reçu le moindre rudiment.

J'observais ceux qui se piquaient de tout savoir par science innée en plus des diplômes prestigieux qu'ils avaient obtenus. Ils n'entendaient rien de ce qu'ils daignaient écouter. Les malheureux en finissaient même par ne parler que pour eux-mêmes sans être à leur tour entendus de personne. Il fallait donc avoir des « cliques » qui préparaient la salle à vous entendre, applaudissant là où il fallait, faisant des mines de mépris là où vous étiez critiqué. Et quoi encore ?

Au début, il me fallait sans cesse m'expliquer, à ma manière, pour être écoutée. Il le fallait. Autrement je n'aurais jamais pu, pour ainsi dire seule, dénoncer publiquement ce que le monde entier avait accepté afin que se consolide l'emprise inadmissible qui pesait sur le Việt-Nam soumis aux prérogatives de l'Homme.

Et donc à la Loi de celui qui est apparemment le plus fort.

Mais à toute chose, malheur est bon.

Au Việt-Nam cependant le temps était venu où tout devait changer pour soutenir ce qui a rarement été considéré comme indispensable, le Droit de la Femme dès lors qu'il est soutenu par la Vertu.

Dans notre pays, la Vertu a toujours été reconnue comme la base de tout. Elle a été mise en exergue dans notre constitution républicaine. Elle me fut donc un soutien naturel dans ma défense des Lois Chrétiennes. Mais, étrangement, il me fallut être contrée par les medias de l'Occident chrétien.

Dès ses commencements, notre République imposa les Droits intangibles de la Femme et ceux d'une société juste et équilibrée. Qu'il s'agisse de femmes héroïques à l'image des Sœurs Trưng ou de ces exemplaires femmes au foyer appelées « Nội tướng » (Générales de l'Intérieur).

Unique en son genre, la Femme traditionnelle vietnamienne devint un exemple qui souriait à tous.

Ce fut surtout Elle, la Réussite de l'UPLVN-NV[38] !

Je revendique d'ailleurs pour la Femme vietnamienne son soutien sans faille à l'UPLVN-NV. C'est bien la preuve incontestable qu'il lui apporta lui-même la pleine valeur de son soutien et qu'il en donna une image jusqu'alors ignorée. Le passer sous silence et prétendre même l'ignorer, c'est commettre une inqualifiable injustice.

Un jour viendra où notre pays sera rendu à ses ancêtres qui lui furent enlevés au début de ces temps, et rendu aussi à la Femme qui sut plus que quiconque respecter les meilleures traditions vietnamiennes.

---

[38] Rappel : **U**ltime **P**ouvoir **L**égitime du **V**iet **N**am-**N**hân-**V**î.

En ce qui concerne la « Représentation » de mon pays, je me contente pour ma part de rappeler ce temps où, libéré de la présence oppressante des colons, le Việt-Nam put révéler plus librement la nature de son âme.

Le mérite de l'UPLVN-NV est d'avoir voulu montrer l'exemple, qu'il s'agisse de la tradition ou de la modernité sur un plan social ou privé. C'est un point qui ne saurait lui être contesté.

En mai 1963, commença l'affaire bouddhiste.

Mon jeune beau-frère, Ngô-Đình Cẩn, qui administrait on ne peut mieux la région du centre, avait vu d'un œil soucieux son frère Ngô-Đình Thục devenir l'archevêque de Huế qui en est la capitale.

Cela amusa bien le catho-colonial qui avait depuis toujours l'oreille du Vatican et qui put ainsi conserver Saigon, son fief le plus important du Việt-Nam, mais cela allait provoquer un drame au centre et donc à Huế où l'archevêque, plutôt envahissant, ne sut pas ménager son jeune frère.

Drame d'autant plus redoutable que le Président, moine dans l'âme, s'entendait en priorité et surtout avec son aîné archevêque. Il n'eut jamais la même entente avec son cadet.

Catholiques et bouddhistes rivalisèrent de manifestations ostentatoires à l'occasion de leurs fêtes réciproques.

Les choses s'envenimèrent du fait des excitations des colonialistes en embuscade et de la récupération communiste qui allait s'ensuivre.

Les deux aînés des Ngô-Đình n'eurent pas la moindre idée de l'irréparable en train de se créer.

Mon mari qui était du côté de son cadet essaya alors de le soutenir, mais en vain. C'était trop tard et ce fut le désastre.

Aucun des deux vrais responsables, les aînés, ne fut jamais conscient de la nécessité d'une meilleure communication avec leur frère plus jeune. Attirer leur attention et le leur dire aurait été perçu comme une offense. Pourtant, il suffisait de peu de chose pour que tout rentre dans l'ordre. Je ne pouvais que me taire.

Il me revint toutefois de rétablir la situation « in extremis » et de la seule manière permise par le Seigneur. Venant de Lui, la solution ne pouvait qu'être inattendue et définitive.

Le Président dut reconnaître que cela m'était dû.

De nouveau et comme les autres fois, il se contenta de son habituel « Nhờ Bà » (c'est grâce à Madame). Cela n'alla pas plus loin et les deux aînés, Diệm et Thục continuèrent à agir en « aînés » envers leur cadet avec cette autorité arbitraire qui les caractérisait. J'étais moins qu'eux victime de cette autorité arbitraire car ils reconnaissaient que le domaine de la Femme me concernait davantage.

Pour en revenir à ce fameux désordre « bouddhiste », il fut perçu comme le premier coup sérieux porté contre l'UPLVN et il parviendra à l'ébranler jusqu'à lui porter le coup final.

Le rappeler c'est la leçon à retenir à jamais pour le Việt-Nam. Ce rappel, par sa brièveté, représente bien le mal qui affectait le pays dans certaines de ses traditions millénaires, dont cette autorité que l'aîné exerce de façon toute confucéenne sur son cadet. Mais comment s'affranchir de l'obéissance respectueuse attendue en réponse sans risquer de provoquer un autre mal qui pourrait être plus néfaste ?

En tout cas, ce fut bien l'occasion voulue d'En haut pour me permettre de remettre les choses à leur place comme le Seigneur le voulut et cela permit que la Vérité fût reconnue par tous sans le moindre problème pour quiconque.

Il s'agissait alors de la dernière phase de cette fameuse affaire bouddhiste qui défraya la chronique mondiale contre notre pays et ses dirigeants.

Le Président avait institué un comité mixte chargé de régler cette épineuse question. Ce comité rassemblait les représentants du gouvernement et les représentants du bouddhisme. Il siégea sans désemparer sous l'autorité du vice-président de la République, Nguyễn-Ngọc Thơ, lui-même bouddhiste.

Je proposai d'y inclure les chefs des partis politiques et sociaux. Cela m'aurait permis d'y participer. Mais le Président qui avait tenu à suivre l'affaire lui-même ne voulut absolument pas d'une possible participation de ma part qu'il aurait risqué de devoir prendre en considération.

En définitive, avec les bouddhistes, tout fut fait comme il le désirait. Tout cela pour aboutir à mon réveil par mon mari, au beau milieu de la nuit. L'air épuisé, il vint me dire : « S'il te plaît, excuse-moi de te réveiller ainsi, mais le Président doit signer ce papier et il ne veut le faire qu'avec mon accord. Il a suivi lui-même l'affaire depuis le début avec son gouvernement représenté par deux de ses bouddhistes, son vice-président et son ministre des Affaires étrangères, Vủ-Văn-Mẩu. Tous deux lui disent de signer ce texte comme l'a déjà fait le chef bouddhiste mais il tient à ce que je sois d'accord avant de le faire. Il n'a que deux pages. Je n'ai pas du tout suivi l'affaire aussi je ne peux rien en dire. Je sais que toi tu t'y intéresses et je te demande de me dire ce que je dois conseiller ? »

Je ne pouvais qu'être révoltée par une telle demande.

J'avais été mise à l'écart alors que je voulais justement participer à ces réunions en tant que chef de mon Mouvement de Solidarité. Mais, devant l'air épuisé de mon mari, j'eus pitié. Lui prenant des mains le papier déjà signé par l'autre partie, je le parcourus rapidement. Ce fut pour protester :

– Comme toujours, ils réclament ce qui n'a jamais été interdit !

Mon mari, surpris, ne sut que dire :

– Que faire ? Ils ont déjà signé et disent que si le Président ne fait pas de même, leurs gens sont déjà prêts à faire partir la révolte tout de suite. Ils attendent à la porte du palais.

– Qu'il signe donc, mais après avoir écrit au-dessus de sa signature : « Rien de ceci n'a jamais été interdit ». Tout le monde se demandera, à juste raison, si le gouvernement n'a pas perdu la tête à consacrer tant de temps à une chose pareille !

Ce fut mon seul commentaire.

Je connaissais bien ce complexe particulier du Président catholique face aux agitations dites « bouddhistes » de ceux qu'il croyait vastement majoritaires[39] dans le pays.

---

[39] Il y avait à l'époque une multitude de croyances diverses au Việt-Nam, avec des Catholiques, des Confucéens et adeptes du Culte des Ancêtres, des

Ma mère étant elle-même « Présidente des bouddhistes des Etats-Unis d'Amérique », je savais comment elle était utilisée à des fins politiques qui la dépassaient. Je n'hésitais pas à le lui dire sur tous les tons. Furieuse, elle en appelait à mon père pour qu'il se confronte à moi. Mon père intervenait pour nous calmer mais il se contentait de hocher la tête, en me répétant ce qu'il avait l'habitude de dire à mon sujet : « Tu es habile ! » alors qu'avec eux je me contentais d'être simple et directe en tout. Le fait que ma mère fut amplement utilisée par les bouddhistes ne m'étonnait guère. Mes efforts pour l'en libérer furent vains, je finis par éviter le sujet devant elle. Mes parents en firent autant car ils préféraient éviter mes moqueries. Je ne pouvais vraiment pas prendre du tout au sérieux une « religion » qui dégénérait ainsi.

Furieux d'avoir été soumis à quelque chose à laquelle il n'avait pas participé, mon mari se contenta de rapporter le papier signé par le chef bouddhiste. Il le jeta au milieu de la table de réunion en indiquant ce que je préconisais pour la signature du Président.

Le ministre bouddhiste des Affaires étrangères, Vủ-Văn-Mẫu, garda le silence et le vice-président, justement confus, ne sut que conclure : « Ils buvaient du "chè sâm" "thé au gin-seng" (racine d'un produit précieux qui donne des forces) et nous du thé ordinaire. Cela nous a rendus ngu người (imbéciles) ».

Face à ce commentaire confraternel, le ministre des Affaires étrangères se rasa le crâne, espérant ainsi faire croire à un mystère sur lequel il ne voulait pas s'expliquer. Mais tout finit par se savoir.

Plus tard ce même Vủ-Văn-Mẫu, persuadé de devoir rester jusqu'au bout l'homme des colonialistes, se retournera contre les Américains. Ils comprendront comment ils se seront fait avoir de bout en bout, lorsque le 23 avril 1975 (une semaine avant la

---

Bouddhistes, des Cao-Đàistes, des adeptes de « Hoà-Hão », des Montagnards, des Hindouistes, des Taoistes, des Animistes et des Musulmans. Les Bouddhistes ne représentaient que 30% de la population.

chute de Saigon) Vủ-Văn-Mẩu sommera les Américains « au nom du Gouvernement vietnamien de quitter le Việt-Nam dans les 48 heures, avec armes et bagages ».

Vủ-Văn-Mẩu était alors le second de Trần-Văn Hướng qui avait remplacé Nguyển-Văn Thiệu, l'homme des Américains que les Français avaient fait déguerpir pour le remplacer par leur homme, Dương-Văn Minh, l'assassin des Ngô Đình, connu sous le nom de « Gros Minh ».

Les colonialistes crurent pouvoir l'imposer comme le « Grand Minh »!

Ils n'arrivèrent à rien et l'on assista à un étrange « coup pour coup » entre Français et Américains. Comme ce fut encore le cas récemment, lorsque l'Amérique prenant prétexte de « la guerre déclarée » en profita pour s'introduire en Irak qui était pourtant la « chasse gardée » des colonialistes occidentaux.

Il est difficile d'imaginer pire provocation.

Faut-il encore insister sur ce qu'était le contexte politique d'alors ?

Je vais le rappeler :

Lors de mon dernier voyage aux Etats-Unis en 1963, ma voiture fut encadrée par une escorte encore plus impressionnante que celle du Président Kennedy. Sa suite dut s'arrêter à un croisement pour laisser passer mon cortège.

Je demandai : « Qui était-ce ? »

La réponse : « Le Président Kennedy ! » provoqua de ma part un étonné : « Tiens, tiens… »

L'étonnement fut sans doute réciproque.

Je me rappelle qu'il me fut dit alors que la police de ma sécurité avait été onéreuse lors de cette dernière visite officielle que je fis aux Etats-Unis avant le putsch qui devait coûter la vie au Président du Việt-Nam et à mon mari. Quelle en était la raison ? Je l'ignorais, mais je me souviens de cette fébrilité qui entourait mes déplacements aux U.S.A.

L'agitation autour de ma présence devint encore plus intense à la nouvelle de l'assassinat des miens. L'Ambassade du Việt-Nam ne voulut plus rien faire pour assurer ma sécurité. Ma fille Lệ-Thuỷ et moi-même fûmes alors recueillies par un couple d'Américains présentés par un prêtre catholique, et cela jusqu'à notre départ des Etats Unis pour l'Italie.

Notre départ provoqua d'ailleurs des bousculades incroyables parmi les media qui allèrent jusqu'à ériger des barricades pour pouvoir nous bloquer et nous prendre toutes deux en photos.

Il y eut à nouveau tout un vent de folie lorsque j'arrivai à Paris après le coup d'Etat du 2 novembre 1963. L'ambassadeur des Etats-Unis à Paris en arrivait à ne plus savoir quoi répondre aux questions qui me concernaient. Il ne savait que répéter : « Damned if we do, damned if we don't ! » (Nous sommes maudits quoique nous fassions !)

C'est dire l'atmosphère survoltée qui régnait alors à notre sujet.

Peu de journalistes osèrent dire la vérité en ce qui concerne la tragédie du Việt-Nam. Je citerai toutefois Georges Mazoyer qui prit position en notre faveur.

Tout juste promu directeur d'un quotidien du soir à Paris, il fut renversé et tué par une voiture alors qu'il circulait à pied. Les journalistes qui nous étaient favorables disparurent à leur tour de l'horizon.

Je citerai aussi Suzanne Labin auteur d'un livre enfin objectif : *Viêt-Nam, Révélations d'un témoin* et la fameuse Marguerite Higgins qui mourut un 3 janvier 1966, d'une rare maladie tropicale... C'était un grand reporter, très proche de la famille Kennedy[40]. Elle avait reçu la distinction du prix Pulitzer et avait été envoyé en mission au Việt-Nam. Son enquête terminée, elle avait envoyé une note au président Kennedy. Elle l'informait qu'après avoir fait le tour de quarante-deux hameaux stratégiques conçus par Ngô-Đình Nhu, elle avait constaté sur place leur soutien au Président Ngô-Đình Diệm, contrairement à ce qu'en disaient les medias. De retour aux USA, en septembre 1963, elle demanda à

[40] Elle était la marraine d'un des enfants de Bob Kennedy.

être reçue par le président. A la suite de son reportage, elle publia son fameux livre *Our Viêt-Nam Nightmare*[41]. Dans cet ouvrage, elle observait que la crise bouddhiste était un leurre. Elle ajoutait que l'objectif des « bouddhistes » n'était pas d'obtenir une réforme religieuse mais la tête de Diệm. Pas sur un plateau d'argent, comme celle de Saint Jean Baptiste, mais enveloppée du drapeau américain. Elle avait remarqué que les « bouddhistes » activistes connaissaient bien les journalistes, ils les appelaient par leur prénom.

Malgré ce climat aussi hostile et fermé à une vraie recherche de la vérité, j'accordai de temps à autre les interviews que l'on me demandait et continuai d'intervenir auprès des personnalités politiques.

A la mort de ma fille aînée, le 12 avril 1967, je décidai que j'opposerai à tous le silence. Il dura un demi-siècle.

Ce silence n'est rompu que maintenant avec ce livre que l'on doit à ma fille cadette, Lệ Quyên et qui peut paraître mystérieux à tous. C'est dire que s'il est compris comme il doit l'être, ce sera bien le Seigneur qui en aura décidé la publication.

D'après ce dont je peux me rendre compte, seuls les colonialistes sont conscients de ce qui pèse sur eux. Quant à l'Eglise, Son Elu[42] est précisément mon Elu, comme je l'ai su dès le début.

Que vouloir de mieux.

En attendant, je fais ce que je peux, me préparant à ce qui doit l'être, confiante absolument en mon Aimé qui prépare tout pour le mieux de ce qu'Il veut.

---

[41] Ce livre fut publié en 1965 par les Editions Harper & Row, à New York.

[42] Le Pape Benoît XVI.

Après avoir remémoré sur un plan personnel ce qui doit l'être de mon enfance, de mon adolescence et de ma vie d'adulte, je dois convenir qu'il n'y a rien de bien folichon à en retenir.

Tout a été enrobé d'un doux-amer perpétuel où dominait la solitude d'une jeune mère abandonnée à elle-même dans un pays en guerre. Les circonstances d'alors ne lui apportèrent aucun soutien ni défense possibles. Jusqu'à son époux qui lui était devenu une menace au lieu d'être son protecteur.

Dès lors, il ne resta plus à cette toute jeune femme qu'à s'appuyer sur l'Epoux du Ciel.

Elle le ressentit profondément même si elle ne put rien en dire.

Son comportement naturel dans son isolement absolu avait de quoi étonner. Maintenant que je me plonge à nouveau dans cette époque, je perçois encore davantage ce terrible esseulement. Combien j'étais alors démunie, sans la moindre expérience, dans ce monde égaré où je me mouvais comme si, justement, je n'étais pas si seule avec pourtant de tout jeunes enfants. C'est à se demander comment ces petits n'ont pas ressenti la nécessité de chercher une autre protection que celle d'une maman qui n'avait alors qu'une vingtaine d'années et aucun moyen précis de subsistance.

Cette maman n'en démontrait pas moins une réelle confiance dans la providence, comme lorsqu'elle décida un jour d'enfourcher sa bicyclette malgré une pluie battante. A son mari qui lui demandait où elle s'en allait ainsi, elle répondit : « Demander une voiture au Seigneur ! » Après quoi il ne lui resta qu'à relater comment en effet elle obtint ce qu'elle avait demandé.

C'est en racontant ce passé solitaire, exposé et vulnérable qui pourtant ne paraissait étonner personne, que je me suis émerveillée rétrospectivement et silencieusement, de n'avoir jamais cherché à la rompre, cette absolue solitude.

Même lorsque j'eus ma tante avec moi, à Đà-Lạt, je ne lui demandai pas d'explication sur les disparitions répétées de mon mari. Je ne cherchai pas à comprendre.

Le Seigneur savait, Lui, et cela me suffisait.

Je comprends maintenant combien Il sentait ma foi si absolue en Sa présence et comment, tout naturellement, Il ne pouvait que me permettre la vision naturelle de ce qu'il en était lorsqu'Il sentait que j'en avais un profond besoin.

Juste réponse, si l'on peut dire, à ce qui n'a même pas été demandé mais qui est dû. La chose était si naturelle qu'il suffisait, semble-t-il, d'un certain temps de besoin intérieur pour que j'obtienne ce qui devenait mien. Lorsqu'il ne me restait que le besoin du Seigneur, besoin tel qu'on se sent comme malade de Son absence, cela devenait tellement grave qu'en toute Justice, Il ne pouvait qu'intervenir à temps.

C'était comme un dû ! Oh oui ! Je m'en suis bien aperçue durant tout ce temps de l'absolue solitude de ma vie si menacée de toutes parts.

Comment un être sans aucune défense pouvait-il arriver à survivre et à supporter l'infortune dans un tel contexte de terreur portée contre les siens ? Et comment le Seigneur pouvait-il permettre aux êtres coupables de cette situation d'assumer la moindre responsabilité envers un pays et un peuple dont l'Histoire, Unique, explique ce qui lui est en définitive réservé ?

Le rappeler aux responsables d'alors n'aggrave pas leur cas puisque le temps est enfin venu pour eux d'en rendre compte. Les prévenir à temps peut leur éviter d'en subir les effets trop douloureusement.

Pour moi-même, je vois cette proche issue comme le juste dû au prédestiné « tout petit » du Seigneur.

Aussi ne puis-je que me rebeller intérieurement contre mon état de santé qui exige bien entendu le miracle de la guérison soudaine et imprévue et non cette lente convalescence dont les tâtonnements m'écrasent par leur lenteur.

J'en viens parfois à croire que l'on cherche le meilleur moyen de me guérir sans trop le chercher, malgré tout. Il y a de quoi anéantir l'impatiente que je suis et qui n'en peux plus de devoir supporter ce qui l'écrase depuis des mois.

Le Seigneur est Pitié toute-puissante et je me repose sur Elle et sur ce qu'Elle représente pour nous tous quand bien même je parais isolée dans mes convictions.

Sa Pitié pour nous ne peut être que Son Retour.

Retour, enfin ! Dans le temps, qui est le Sien et qui est aussi celui de tout un chacun.

Je pressens tellement ce retour que je ne peux que sursauter de stupeur lorsque je perçois autour de moi, et surtout chez mes plus proches, la crainte de nouveaux coups bas lorsque je serai partie.

Le Seigneur nous a tellement fait attendre qu'en toute justice il est normal que le poids de cette attente ne retombe pas sur ceux qui l'ont endurée injustement. Cependant, même une injustice qui n'aurait pas été amplement réparée sur cette terre, finirait par l'être de toutes les façons.

Le large paiement pour tous n'est possible que parce que la Fin de tout sera l'abondance des largesses divines pour tous.

Seule l'absolue Foi en Lui peut faire avancer le temps.

Le croire c'est l'avoir, enfin, ce naturel aboutissement de la Volonté divine.

Ecrire si naturellement ce à quoi je n'avais pas du tout songé me fait mieux comprendre combien le temps est encore plus proche que je ne l'avais pensé.

Que dans Son incommensurable bonté, le Seigneur daigne précipiter le temps, je ne peux rien demander d'autre.

Qu'il mette enfin un terme au supplice de son « Christ des Nations » que sont le Việt-Nam et ceux qui représentent son Ultime Pouvoir Légitime.

Depuis le commencement, ils l'ont toujours représenté de leur mieux et n'ont pas à subir en retour le pire dont le supplice n'a que trop duré.

Le temps est donc arrivé où le Seigneur attend de Son prédestiné « tout petit » plus de dynamisme dans la foi au lieu de le voir terrassé par la souffrance physique.

Il ne sait plus que pleurer, lui qui ne pleurait jamais, même au temps des pires malheurs.

Il n'arrive plus à rien, comme terrassé par la douleur physique qui le frappe de manière lancinante.

Mais ce qui est permis aujourd'hui n'est certes toléré que pour réveiller une nature connue plus généralement pour son dynamisme.

Je n'ai toujours pas perdu ce qui me caractérise, la vision précise de ce qui m'est permis de voir pour mieux comprendre le contexte en lequel je me meus. Je ne peux que m'étonner du pessimisme des miens devant ma fatigue car je sais qu'elle ne saura en rien porter préjudice à ce qui relève de la mission qui me revient.

Il est vrai que pleurer de douleur, sans savoir que c'est l'ultime prix, garde toute sa valeur, celle de raccourcir au maximum le temps de l'attente finale.

Etonnamment, la plupart paraît ne pas s'en rendre compte.

Pourquoi ?

L'attente n'a plus de sens depuis que l'Eglise paraît s'y être si complaisamment installée qu'elle donne l'impression de ne pas chercher d'autre issue que celle qui lui convient le mieux. Elle semble penser pouvoir s'y tenir.

L'homme peut réaliser qu'un tel temps a trop duré même si la plupart préfère le voir encore durer pour en avoir bien joui et en profiter encore. C'est surtout l'enfer qui y a pris sa bonne part et c'est en vue de l'ultime Fin que l'homme responsable doit rendre les comptes dans le temps qui lui reste.

J'en parle tranquillement même si je suis surprise de ce nouveau temps qui s'ouvre à moi.

En la diversité des lieux où je me suis trouvée au cours de ma vie, j'ai toujours eu le soutien de la communion quotidienne. Merci, Seigneur, pour cette preuve de la puissance de Ton amour. Grâce à elle, qui m'est si nécessaire, j'ai pu continuer mon parcours avec l'habituelle placidité de ma nature.

Dans la cruauté d'un monde qui m'était totalement inconnu en son incroyable complexité et qui reste le mien, je peux y recevoir, chaque jour ce que ce monde détient en sa beauté, malgré tout, pour qui sait l'apprécier à sa juste valeur.

Encore faut-il mériter de recevoir, chaque jour, le Pain et le Vin de Vie que le Seigneur est toujours prêt à accorder à chacun de Ses aimés, avec l'ablution quotidienne qui le maintient en l'état d'enfant de chair et de sang de son Seigneur.

Le mériter quotidiennement, c'est bien ce que peut comprendre l'enfant de Tịnh-Quang-Lâu (la demeure de la Lumière Sereine) qui attend le retour imminent de son Bien-Aimé Seigneur ! Tant attendu ! Comme Lui-même nous attend !

Dans cette convergence, rien ne saurait manquer à la Joie du Retour de l'Aimé à qui est dû ce qui est sien depuis toute éternité !

POUR LE BONHEUR DE TOUS !

* * *

CHAPITRE 3

L'apport du Viêt-Nam

Après avoir perdu la bataille de Điện-Biên Phủ, comment les colonialistes ont-ils pu prétendre se replier au Sud-Viêt-Nam avec arme et bagage et agir comme si le pays leur appartenait encore de droit ?

Fallait-il que cet Occident soi-disant « Chrétien » apporte une preuve supplémentaire de son cynisme.

Pourtant dès le 7 juillet 1954, le Président Ngô-Đình Diệm avait accepté de prendre la responsabilité du pays à la demande de l'empereur Bảo-Đại.

Les Français, déchargés de leurs propres responsabilités, se devaient de partir et de nous laisser nous construire dans l'indépendance voulue et obtenue.

Mais nous étions dans cette situation tragique où les colonialistes avec leur armée d'officiers vietnamiens et leur police de Bình-Xuyên maintenaient le Việt-Nam dans une dépendance larvée et une totale corruption. Lorsque les impérialistes entreront dans le jeu, ce sera à qui ira au plus offrant.

Les colonialistes s'appliquaient à terroriser la population si elle osait seulement montrer sa naturelle sympathie pour son Président.

La France colonisatrice et évangélisatrice, par son intervention meurtrière manifestée au-delà de l'imaginable, a engagé l'Eglise au-delà de l'admissible.

Sa responsabilité est si engagée qu'il n'est pas possible que l'Eglise supporte encore longtemps le poids qui en retombe sur Elle.

Ne pas le reconnaître c'est se fermer la porte de la réparation alors qu'il en est encore temps.

Je sais qu'il relève de mon devoir absolu de le rappeler sans plus attendre afin de demander ce qui relève justement de la mission que la Sainte Eglise me confia à travers son nonce apostolique au Việt-Nam, Mgr Astar.

Lorsqu'il vint à la résidence présidentielle, habillé « In cappa magna », il me transmit cette mission de faire le tour du monde pour défendre et crier la vérité sur notre pays.

Et quelle vérité ! Salvatrice bien entendu si on la respecte.

Je reçus bien sûr l'approbation du Président avant de me décider à m'éloigner et à emmener ma fille aînée avec moi.

Nous partîmes, ma fille et moi, le 12 septembre 1963.

Le temps nous était compté car nous avions accompli notre devoir pour le pays et qu'il importait maintenant d'en témoigner.

Cette mission qui me fut ainsi confiée par l'Eglise arriva bien tard à ce point précis de l'histoire de notre pays.

Au début de notre évangélisation, l'Eglise passa à côté de l'Essentiel.

Lorsqu'elle apporta à l'Homme vietnamien son couronnement, c'est-à-dire sa rédemption par le Corps et le Sang du Christ, notre Rédempteur dans l'Eucharistie, elle manqua d'une manière impardonnable à sa mission. En effet, Elle obligea le Việt-Nam évangélisé à renier au préalable ce qui faisait justement sa valeur propre, cet apport unique qu'était alors, pour notre pays, le Culte de ses Ancêtres, et ceci dès les premiers temps.

Pour avoir toujours cru en la vertu du Culte des Ancêtres comme base intrinsèque de la divinité de l'Homme puisqu'il vit au-delà de la mort, le Việt-Nam reçut la bénédiction qui le singularisait devant Dieu :

« Toi qui aimes les ancêtres,
Tous les saints sont dans ta main.
Ils étaient prostrés à tes pieds,
Et ils ont couru sous ta conduite. »

(Dt. 33,3)

Pour nous, la vénération des ancêtres est si importante qu'il nous est impensable d'y porter atteinte. D'ailleurs la famille de mon mari, les Ngô Đình, à Huế, fêtaient le nouvel an lunaire (le Tết) en couronnant le troisième et dernier jour des festivités par une messe solennelle dédiée aux morts de sa famille, le Kỵ. Ils pratiquaient ainsi aux yeux de tous ceux qui y étaient invités, catholiques ou non, ce Culte si vénérable des Ancêtres.

Cette synthèse heureuse opérée par les Ngô-Đình, qui montraient bien qu'ils n'étaient pas « idolâtres » de leurs ancêtres, était partagée par beaucoup de leurs coreligionnaires très respectueux de Ngô-Đình Khả, le père de mon mari, à qui fut inspirée justement cette synthèse. La valeur de Ngô-Đình Khả était reconnue par l'empereur lui-même dont il avait été le précepteur et qui l'avait nommé ministre des Rites.

Cette synthèse n'a pas prévalu dans l'enseignement de l'Eglise.

La plus grande partie du peuple vietnamien s'est donc maintenue à l'écart de l'évangélisation et s'est donc trouvée privée de ce couronnement que le Christ, son Rédempteur, a voulu pour l'« Homme ».

Cette faute de l'Eglise est d'autant plus tragique que ce peuple, dans son attente du Tout Puissant inconnu (Thượng-Đế) et dans sa pratique du Culte des Ancêtres, avait été justement et particulièrement préparé par Dieu à recevoir son Fils Bien-Aimé, le Christ.

Par ce Culte des Ancêtres, relevés de simples et inutiles morts en ancêtres qu'ils vénèrent, les Vietnamiens mettent à la disposition de « Thượng-Đế » (le Tout-Puissant) le Juste Nombre nécessaire pour sauver le grand nombre.[43]

Dès lors, que ne peut-il obtenir pour le Seigneur Lui-même et pour l'immensité de la Communauté humaine !

Cette vénération naturelle et quotidienne des ancêtres qui s'exprime d'une manière si pieuse et touchante en repas partagés avec eux, se manifeste désormais chez les vietnamiens catholiques en messes et communions quotidiennes chrétiennes.

Sur ce point, il faut reconnaître que tout le bonheur du monde dépend, en premier, de la Sainte Eglise.

Qu'Elle le sente davantage et s'en imprègne en toute vérité et Elle aura aussitôt ce qui Lui est dû.

Ce n'est pas sans raison que me revient cette mission que j'ai, celle de La servir en ce qu'Elle seule détient : le bonheur du monde en suivant le Seigneur comme Il le désire.

Mon ressentiment envers le monde entier me fit presque oublier que la Sainte Eglise détient le Miracle Perpétuel du renouvellement des âmes pour lequel le juste nombre d'âmes Lui suffit.

On obtient ce juste nombre en devenant chacun les vrais disciples du Christ et donc ses « Enfants de chair et de sang » grâce à la discipline de « Tịnh-Quang-Lâu » (demeure de la Lumière Sereine) que le Seigneur m'a inspirée.

Avec la constitution de ce juste nombre, heureux dénouement, le monde découvre ce Miracle Perpétuel détenu par la Sainte Eglise et obtient, grâce à Elle, la Fin de l'enfer, et donc « l'Union du Ciel et de la Terre » comme Dieu le veut.

Dans la constitution de ce juste nombre, les Vietnamiens font donc cet apport incommensurable, celui des âmes toujours

---

[43] Cf. le livre de la Genèse, chapitre 18, versets 22 à 33. Le patriarche Abraham tente d'obtenir de Dieu le salut des pécheurs en invoquant le nombre de quelques Justes qui pourraient à eux seuls obtenir le pardon des pécheurs pourtant bien plus nombreux qu'eux. Ce juste nombre qui sauve le grand nombre.

vivantes de leurs ancêtres qu'ils vénèrent pour les offrir à ce Dieu tout-puissant qu'ils pressentent sans le connaître s'ils n'ont pas été évangélisés.

C'est dire la faute incommensurable des Messagers Messianiques[44] qui, en leur faisant connaître enfin ce Dieu inconnu et en leur apportant le Corps et le Sang du Messie, leur Rédempteur, ont exigé au préalable qu'ils se débarrassent de l'apport au Seigneur qui était le leur.

Je ne saurais assez le répéter tant que la Sainte Eglise n'aura pas reconnu, haut et fort, et surtout à temps, cette faute incommensurable.[45]

C'est par la France colonisatrice « fille aînée de l'Eglise » que mon pays commença à subir son écrasement. Et il y eut ce temps de folie furieuse de la part des colons lorsqu'enfin le Việt-Nam se dota de son premier Président. Ils paraissaient ne même plus savoir de quel côté se tourner pour nous détruire et reprendre un peu de ce qu'ils avaient perdu.

Par la suite, alors qu'il nous appartenait de présenter comme nôtre le travail accompli par notre jeune République, les impérialistes s'évertuèrent, avec leurs troupes et leurs experts, à s'en approprier la paternité.

Pour s'attribuer ce qu'ils ne pouvaient, face à nous, présenter comme étant « leur », ils en vinrent à commettre le pire des crimes, l'assassinat du Président du Việt-Nam et de mon mari.

Après cette date tragique du 2 novembre 1963 qui coûta la vie aux deux frères Ngô- Đình, le pays fut livré à l'enfer par les puissances impérialistes et communistes.

Les colons, de leur côté, persévérèrent dans leurs instincts les plus meurtriers. Ils allèrent jusqu'à s'attaquer à mes enfants et à moi-même. Ma fille aînée périt en 1967, en France, près de

44 Missionnaires.

45 Se reporter à l'annexe 2 : « L'Eglise et le Viêt-Nam ».

Longjumeau, dans un accident de la circulation dont les circonstances ne furent jamais élucidées.

L'Occident finit ainsi par l'emporter sur moi puisqu'en retour il obtint mon silence.

Silence presque total, si ce n'est quelques brèves imprécations : « Chết ai mặc ai ! » (meurt qui le veut !) qui exprimaient bien que tout m'était devenu indifférent.

Plus rien ne m'importa et cette indifférence dura plus d'un demi-siècle.

En fin de compte, nous voici tenus de faire le bilan pour l'essor final.

« L'Union du Ciel et de la Terre » est déjà prête pour qui l'a toujours ainsi désirée pourvu qu'il ne s'en laisse pas distraire.

Je ne pense pas que la fin des temps se manifeste à travers un grand bouleversement, ce sera plutôt un évènement d'une extrême douceur.

L'ancien se présentant comme le présent, les mentalités seraient ainsi préparées, pour ne bousculer personne.

* * *

CHAPITRE 4

L'Espace de la Mission

La survenance de cet évènement que je pressens d'une grande douceur demande que tout soit aplani des inadmissibles injustices qui perdurent contre le « Christ des nations » qu'est l'UPLVN-NV[46] si l'on veut éviter qu'elles ne surgissent d'une autre façon.

Obligée de quitter mon pays, je me suis installée là où mon mari avait décidé de créer, aux environs de Rome, un Centre de culture religieuse ouvert à la jeunesse étudiante vietnamienne comme il en existait déjà un à Paris.

Sur une hauteur plantée d'oliviers, se trouve une habitation dont le centre est un lumineux patio. Son plafond est vitré et le sol est orné de façon originale par des combats de coqs vifs et richement colorés.

Cette demeure, formée par ailleurs d'un vaste séjour et de spacieuses chambres à coucher, retint mon attention pour son pavement singulier formé de larges plaques de marbre aux couleurs variées. Quant à son verger, c'était abricotiers, figuiers, oliviers de toutes tailles. L'ensemble formait de quoi retenir l'intérêt pour créer justement ce développement harmonieux auquel je me sentais prête pour un mieux-être selon mes idées.

L'archevêque, mon beau-frère, en fit l'acquisition en août 1963.

---

[46] Rappel : **U**ltime **P**ouvoir **L**égitime du **V**iet **N**am- **N**hân-Vị.

En octobre 1963, lors de mon premier passage à Rome, il me présenta cette résidence de la façon suivante : « Ce ne sera pas tout à fait comme à Paris, où il y a une chapelle pour les étudiants, une bibliothèque, un restaurant et un lieu de réunion. Ici, cela ne s'y prête pas comme l'ont eux-mêmes constaté les architectes qui vous ont accompagnée. Votre mari m'a dit de vous en confier la totale destinée, aussi vous en déciderez comme vous l'entendrez pour la décorer et l'emménager. Et si vous voulez davantage, vous en aurez toujours la possibilité. »

Après le mois de novembre 1963, je fus requise de fixer moi-même les limites que je réserverai à mes enfants et à moi-même et qu'il fallait clôturer par des grillages de fer. Je décidai aussi de faire élever un mur de clôture le long de la route. A partir de là, je m'appliquai moi-même, en marchant, à délimiter le cadre de notre espace privé. Il reste « l'Intouchable ». Il faut y ajouter l'emplacement de la « casa colonica » que j'avais choisie de laisser en dehors dans l'intention d'en faire profiter mes enfants, plus tard, lorsqu'ils grandiraient et qu'ils fondraient leurs familles.

L'archevêque Ngô-Dình Thục, pour mener à bien cette transaction qui avait lieu en Italie, demanda à la Curie romaine de lui conseiller un homme de confiance. Elle lui conseilla les services de Don Pietro Gelmini.

Il nous fallut découvrir, juste après la mort de ma fille aînée en 1967, que ce Don Pietro Gelmini en acquérant le domaine, n'avait pas éteint l'hypothèque qui le grevait malgré l'argent que lui avait donné mon beau-frère.

Nous apprendrons beaucoup plus tard que Don Pietro Gelmini, à l'époque de l'acquisition de notre domaine, avait obtenu pour lui un prêt personnel de la banque. Que donna-t-il comme apport pour obtenir ce prêt, sinon l'argent qui aurait dû servir à éteindre l'hypothèque. Avec la somme empruntée, Don Pietro Gelmini se lança dans des investissements immobiliers démesurés qu'il ne put financer. Lorsque l'affaire éclata et que la presse s'en fit l'écho, Monseigneur Ngô-Đình Thục, qu'il avait grugé, voulut rejoindre le flot des créanciers. L'Eglise s'y opposa. Elle ne voulait pas ajouter à ce scandale celui d'un litige opposant un prêtre à un autre prêtre. Nous ne reçûmes aucune contrepartie pour compenser ce détournement et nous aider à éteindre l'hypothèque.

Pour se rembourser, la banque, pendant une vingtaine d'années, vendit aux enchères notre domaine, parcelle par parcelle, à ceux qui le convoitaient. Il s'amenuisa au fil des ans. Sur les treize hectares que nous avions, nous n'avons pu en sauver que trois, encore fallut-il que je mette mes bijoux en gage. La banque, alors, accepta d'épargner ce que j'avais délimité moi-même comme étant « Intouchable » et qui est devenu la demeure de la Lumière Sereine, « Tịnh Quang Lâu » (Ps.44).

Dans ce monde dit civilisé, je ne reçus aucune aide pour me soutenir dans cet ultime combat à mener pour la sauvegarde du peu qui me reste de mes biens matériels. Rien ne me fut épargné.

Je vis plusieurs fois des incendies malveillants s'abattre sur mes terrains. Tous s'arrêtèrent de façon providentielle aux limites de la maison. Je me souviens avoir vu jusqu'aux flammes d'un feu avaler la culture d'un voisin abusif et s'arrêter, en ligne droite, sur mon blé au point de provoquer la surprise ébahie des spectateurs.

Pendant ces vingt années, il me fallut faire face à d'autres gens malhonnêtes qui n'hésitèrent pas à s'attaquer aux miens.

Il y eut ce pasteur sarde, interdit de séjour dans sa région, chose que j'ignorais, et à qui je permis de laisser son troupeau de moutons brouter l'herbe des collines de la propriété. C'était en effet un bon moyen de débroussailler nos champs. Lorsque mon fils se mit lui-même à travailler la terre avec le soin méticuleux qui est le sien, je demandai au Sarde de ne plus venir. Non seulement il refusa de partir mais il prétendit faire de l'« occupation de sols » en se mettant à les cultiver.

J'ignorais tout du tempérament des Sardes et que dire lorsqu'il s'agit d'un repris de justice ! Il n'hésita pas à nous menacer de mort. La police, elle-même, nous conseilla de nous incliner.

Mon fils avait un petit tracteur avec lequel il cultivait la terre du domaine. C'était mignon tout plein. J'aimais le regarder travailler ainsi la terre, occupation ancestrale que son ancêtre Ngô-Đình Khả respectait au plus haut point.

Qu'arriva-t-il ?

Un jour mon fils partit sur son tracteur pour labourer un de ses champs. Absorbé, il ne s'inquiétait de rien d'autre que de diriger son engin. Sa petite sœur et moi-même nous l'observions. Attentives à suivre son parcours, nous n'avions pas tout de suite remarqué qu'à une certaine distance, sur un tracteur trois fois plus grand, le Sarde se tenait là, sur ce terrain où il avait emmené autrefois son troupeau de moutons. Il observait lui aussi, mais son air était sombre.

Voilà que soudain, avec son tracteur, il avança droit sur mon fils sans crier gare ! Prise d'une immense inquiétude, je courus au devant de mon fils et m'arrêtai sur le chemin que l'autre venait d'emprunter. L'inquiétude avait fait place à une détermination totale. Je me présentai comme un obstacle sur sa route et j'étais prête à m'interposer entre eux deux jusqu'au clash. Et lui, de foncer quand même, face à moi qui ne reculai pas d'un pouce. Je vis la panique dans son regard lorsqu'il eut juste le temps de donner un coup de volant pour m'éviter. Je disparus sous la volée de terre que sa manœuvre chassa vers moi. Il crut m'avoir ensevelie et je le vis s'enfuir sur son tracteur sans demander son reste. Sans un regard en arrière, terrorisé de ce qu'il avait fait.

Mon fils, lui, ne s'était rendu compte de rien. Ma fille, par contre, n'avait rien perdu de ce spectacle hallucinant et s'était précipitée vers moi pour me secourir.

J'eus immédiatement l'intime conviction qu'il ne reviendrait plus jamais et je l'annonçai à mes enfants. Le lendemain, le téléphone sonna. C'était le commissaire de police qui nous appelait pour nous dire : « Qu'avez-vous fait ? Le Sarde vient de me quitter après m'avoir dit qu'il ne viendra plus sur vos terres. »

Ce fut la fin de ce grave souci.

Ici comme en d'autres circonstances de ma vie, je n'avais fait que suivre ce que mon instinct m'avait dicté. Ce fameux instinct, ce sixième sens, que redoutaient tant les américains au point de toujours chercher à m'éloigner de leur champ d'action.

Pour ponctuer d'une heureuse conclusion cette terrible aventure, j'envoyai à la Pâque suivante un de mes fils lui acheter un agneau, en signe de paix. Il en fut touché.

Bien longtemps après, j'appris qu'il s'était fait sauter dans sa voiture après une nuit de beuverie solitaire.

Il en fut de lui comme de ce cousin malhonnête, à Đà-Lạt, qui mourut en vomissant son sang sur la route après s'être approprié l'argent que je lui avais remis pour l'acquisition du garage qu'il désirait. Ce Sarde, lui aussi, profita mal de l'aide innocente que voulut lui apporter la demeure de la Lumière Sereine

Depuis j'ai su par grâce d'En haut que, sans le savoir, j'avais prouvé au Seigneur combien je méritais que cette demeure soit l'espace de Son Choix, sur cette terre, pour les disciples qui veulent être Ses enfants de chair et de sang. Ceux qui ne veulent faire que la volonté de Son Père.

Toutes ces années passées, il me fallut toujours être là pour empêcher, par ma simple présence, que l'on mette la main sur nos biens, encore et encore.

Je me souviens de ces instants si pénibles où je me retrouvais entourée de mes avocats avec leurs piles de dossiers auxquels je ne comprenais pas le premier mot, tant tout cela m'horripilait.

Je dois m'estimer heureuse d'avoir pu garder la possession de notre propriété. Elle est toujours là, contenue dans les limites où je l'avais encerclée avec les seuls pas de ma décision. C'est donc au Seigneur qu'il revient de l'étendre comme Il l'entend pour la mission qu'il veut confier à Ses enfants de chair et de sang.

Le désir divin de cette Unique Mission voulue du Seigneur devint ainsi Mien.

Il m'engagea, en accomplissement de « L'Union du Ciel et de la Terre » selon Sa Propre Volonté.

Si rien ne fut idyllique, tout me parut naturel parce que le dû qui était revendiqué pour moi, l'était par le Seigneur lui-même.

Mes enfants et moi-même, en nous inclinant, comprenons donc que le Temps du Renouveau arrive et qu'il ne reste plus qu'à être prêt, sans tarder.

Me voici toutefois confronté maintenant encore à un revendication abusive à l'encontre des miens et de notre demeure.

Des neveux de ma belle-famille, profitant d'un dérangement de l'esprit de l'archevêque Ngô-Đình Thục, leur oncle et mon beau-frère - dérangement qui provoqua jusqu'à sa double excommunication en 1976 et en 1983 - osèrent se prévaloir d'un testament écrit par lui, pour essayer de se saisir de notre propriété.

Dans son désordre mental, mon beau-frère Ngô-Đình Thục, oubliant l'affectation à ma famille des biens que nous occupons depuis 1963, établit en faveur de l'Eglise un testament disposant de ces biens que j'occupe et dont il avait la garde. Aucun mal n'en résulta car l'Eglise, comprenant ce qui s'était passé, s'empressa de me renvoyer le testament fait en sa faveur. Je ne pus que Lui en être reconnaissante. Mais il se trouve que l'archevêque fit aussi un testament englobant mes trois enfants et les treize enfants de son plus jeune frère, Ngô-Đình Luyện, désigné comme son exécuteur testamentaire. Ce dernier ne voulut jamais exécuter un testament aussi infondé et c'est seulement à sa mort que ses enfants nous présentèrent le testament de l'archevêque. En s'appuyant sur ce testament qui n'aurait jamais dû exister, mes neveux, attentifs à la seule valeur matérielle de cet espace, essayent de l'emporter sur la valeur spirituelle qu'il représente, ce Dû qui nous vient de Dieu et qui Lui appartient.

Dû si primordial que je me contentai de répondre ceci à ma fille Lệ Quyên lorsqu'elle décida de se marier et voulut me présenter l'élu de son cœur : « Inutile de me le présenter, j'accepte ton choix, pourvu que vous suiviez tous deux, pour vous-mêmes et toute votre vie, ce qui a toujours été notre propre discipline, celle de la demeure de la Lumière Sereine ».

Il en fut ainsi et je m'aperçois avoir été inspirée d'En haut, c'est pour cela que je souhaite l'écrire ici.

La pratique de cette discipline des vrais disciples du Seigneur a développé la parfaite harmonie qui existait entre eux deux et nous, ceci pour la bonne pérennité de la demeure de la Lumière Sereine.

Les propriétés appartiennent à Tịnh-Quang-Lâu. Aujourd'hui elles sont sous mon autorité et responsabilité. Quand je ne serai plus, elles relèveront de la responsabilité de ma fille Ngô-Đình Lệ Quyên et de son époux Olindo Borsoï.

Après eux, les responsables de Tịnh-Quang-Lâu décideront de même en ne s'écartant jamais du principe de base décidé par le Seigneur pour que ceux qui habitent cette demeure privilégiée soient Ses vrais disciples et donc Ses enfants de chair et de sang.

Les lois extérieures à notre communauté ne sauront prévaloir sur elle.

Aucune loi de propriété ne doit permettre de les diviser.

Ceux de mes enfants qui seraient attachés à ces biens, continueront d'y vivre comme de mon vivant. Ils continueront de jouir ainsi de leurs biens, rien ne pourra en être détaché sans l'accord des principaux responsables. Qu'ils ne s'avisent surtout pas d'en appeler à une intervention étrangère. Elle ne pourrait que subir le rejet d'En haut et les priverait de l'harmonie des rapports fraternels même si tous ne suivent pas encore totalement les règles « d'enfants de chair et de sang » qui sont celles des fidèles de cette demeure privilégiée.

J'assure ma bénédiction à ceux qui suivront ce message.

Je pense être claire concernant cette absolue responsabilité que je dois assumer et transmettre. Me la contester, c'est risquer ce que je ne saurais garantir. La respecter, c'est s'assurer la garantie due à ce qui est voulu du Seigneur, en Sa première et dernière volonté, pour Son retour dans « l'Union du Ciel et de la Terre » comme Il y tient pour cette dernière génération.

Que vouloir de Mieux.

Oui. Que vouloir de mieux pour la communauté de la Lumière Sereine que le Christ a toujours voulue et qu'Il n'eut enfin, qu'à la fin des temps, et très simplement, avec son prédestiné « tout petit ».

Il est étrange qu'une même chose puisse être ressentie différemment par les uns et par les autres. Je parle du retour imminent du Seigneur.

Le temps requis a été nécessaire pour que toute la Création se mette à la tâche.

Mais Seigneur, Vous qui êtes Maître du temps, songez à notre attente.

* * *

CHAPITRE 5

Le Christ des Nations

Qu'auras-tu pour ta longue attente ?

La Justice veut, avant tout, la Juste Compensation.

Dieu sait quand la douleur est là qui ne lâche pas celui qui respire encore et le Seigneur ne le lâche pas non plus celui qui est à Lui. Moins que jamais.

Mais plus je me soutiens et m'encourage et moins je sens à quoi je tiens.

A quoi ? Oui, à quoi ?

Et que dire, s'Il apparaît, quand on ne L'attend plus, l'attente ayant dépassé la capacité humaine ?

Mais pourquoi penser à ce qui ne saurait relever que de l'Amour ?

Pitié donc, Seigneur, pour ceux qui ne savent vivre que d'Amour et donc que de Toi, Amour.

Je sais bien qu'il ne saurait il y avoir d'autre issue.

Et voilà comment, après un long temps, ici ou là, sans trop faire attention à quoi que ce soit, je me retrouve, comme plus d'un demi-siècle auparavant, à Tĩnh-Quang-Lâu (la demeure de la Lumière Sereine), seule, la plupart du temps, les enfants étant à leur travail.

Je ne vois plus les pentes douces des coteaux sur lesquelles paissaient les moutons auxquels je permettais, de temps en temps, quelques incursions.

Des villages entiers s'y sont installés. Au nom de quel droit ? Je l'ignore. Réduite au petit espace que j'avais choisi, sans savoir comment il est resté mien, je reste à l'intérieur des murs pour contempler le paysage. Cela me suffit pour meubler cette attente dont j'ignore la durée mais qui m'ouvre à tout le reste et donc à l'au-delà, cet au-delà qui appartient à chacun.

Le Seigneur sait donc qu'à la Fin, il me suffit de peu, bien peu, très peu, pour mon attente du Tout.

Lui suffira-t-elle, cette parcimonie ?

Après qu'il me fut permis de ne plus tenir à rien. Oui à RIEN. Sinon revoir les miens que j'avais laissés trop tôt.

Comment est-ce possible que Lui qui sait tout et qui peut tout Se contente de si peu de la part de Son prédestiné « tout petit » ?

Est-ce Lui-même qui l'a ainsi réduit à ce si peu de chose qu'il peut donner ?

Et ne serait-ce que pour lui permettre, en Juste Temps, l'explosion de ce qui lui revient ?

En tout cas, il est enfin temps que je pense à ce que le Seigneur a voulu de moi, sur terre, Le concernant. Je veux dire cette mission unique qui est mienne. Enfin.

Il aura ce qu'Il voulut, dès le début : des disciples qui Lui seront des enfants de chair et de sang et pas seulement des enfants adoptifs grâce à cette discipline voulue très précisément par Lui-même depuis toujours et qu'Il ne répéta pas.

Et comment ?

Simplement parce qu'ils auront exactement suivi ce qu'Il prit la peine de me dire des plus clairement : la messe et l'eucharistie quotidienne, une toilette complète et un seul repas par jour.

Comme le Seigneur le pratiquait lui-même.

Le « Christ des Nations » que je représente au nom du Viêt-Nam, n'a pas d'autre solution que celle permise d'En haut, attendre.

Que me reste-t-il d'autre à faire ?

Se rappeler que je ne fus libérée de l'insupportable (l'assassinat de ma première-née, quatre ans après celui de mon mari) que parce que j'acceptai, après une forte résistance au « marché divin », le prix du sacrifice de ma fille, après celui de son père.

Et quel en était ce prix ? Sinon celui de la Fin que je voyais comme une trop grande exigence, mais que j'acceptai enfin, en un cri de vaincue face à son Seigneur : « Oui. L'Union du Ciel et de la Terre. »

Et quelle est ma vie, depuis, sinon le pis de tout ?

Je suis réduite à rien, transportée d'un hôpital à l'autre, pour être aux prises, la nuit, avec des êtres dont je ne peux distinguer s'ils sont vrais ou s'ils sont le fruit de mes cauchemars et seuls les barreaux du lit retiennent que l'on m'emporte je ne sais où.

Puis enfin retourner chez moi, rester seule toute la journée, mais voir à travers ses balcons et ses fenêtres le paysage que m'offre Tĩnh-Quang-Lâu et me faire une idée du cadre dans lequel mon Seigneur viendra me donner enfin « Le Ciel et la Terre » qui m'attendent.

Mais quand ?

Serai-je enfin débarrassée de ces maux qui ne font plus de moi qu'une pauvre chiffe mettant un temps fou pour faire la moindre chose et s'y traîner…

Pourquoi être réduite à un état si navrant ?

Qu'est-elle cette bonté toute-puissante pour autoriser un si horrible prix, cette souffrance continuelle de mon corps qui me fut jusqu'alors épargnée ?

Et pourquoi me faut-il rappeler tout ce qu'il m'en coûte ?

L'oublierai-je jamais ?

Viendra-t-il le temps où je l'oublierai ?

Est-ce le prix de ce qui vient ? Enfin !

Le rappeler, serait-ce une solution pour qui ne voit rien de tel en rien. Et qui ne tient à ce qui vient que parce qu'il ne saurait être laissé à lui-même. Il tient à Sa venue attendue depuis toujours. Oui, depuis toujours.

Ce temps, tout beau qu'il puisse être, me fait mal s'il ne révèle pas ce que j'attends.

Que ce qui n'a jamais été révélé le soit enfin.

Que cela le soit clairement.

Cela nous est dû, Seigneur, nous ne voulons plus rien d'autre que le définitif tant attendu, depuis toujours. Ce « Ciel et Terre » unis que Vous avez tenu à ce que je réclame au prix de ce qu'il m'a coûté.

Son temps des plus brefs y est attaché.

Pitié donc, Seigneur, Toi qui es pitié avant tout.

Pitié pour qui n'a jamais compté que sur Vous, en tout, et maintenant plus que jamais, car il ne lui reste plus que cette attente de Vous.

Cette supplication se déploie sous mes yeux, sous les rayons d'un soleil qui s'apprête à l'accueil le plus attendu de cette union promise « du Ciel et de la Terre ».

Mais rien ne bouge. Comme toujours j'endure l'attente.

Mais de quoi donc ?

Je vois alors défiler ce que je ne saurais oublier : le prédestiné « tout petit » du Seigneur qu'Il tient par la main, ou qui Le suit, pour s'agenouiller à Ses pieds, les mains sagement croisées sur Ses genoux, dès qu'Il s'assoit sur un tronc d'arbre de la clairière qu'Il traverse.

Il ne dit rien, elle non plus, ils se regardent. Elle se fond sous Son divin regard, elle qui aura à tout recueillir, au juste temps de ce que sa crucifixion intérieure lui aura valu pour tout clore. Enfin.

Tout doit de même être compris comme Dieu le veut pour que tout soit comme cela doit être. Aussi, rien ne sert d'attendre la transformation qui se fait à notre insu et à laquelle on participe de soi-même ou que la nature veut de nous et à quoi on doit simplement et tranquillement se préparer.

Serait-ce là l'explication à laquelle tout s'est simplement soumis car elle est la plus douce et répond au mieux aux désirs multiples et divers de chacun de nous qui ne veut en rien être bousculé.

Les choses viennent comme cela se doit.

Dieu-Amour et Bonté Se manifeste ainsi.

Même s'Il Se fait attendre, ce qui est à Lui n'y perd rien.

Au contraire, puisque tout est pour le mieux-être de tous.

On peut estimer que le Seigneur se fait bien attendre.

Mais si c'est pour notre bien ?

Quel besoin de se presser si tout est pour le mieux.

J'en suis assurée avant quiconque.

Lui faire confiance est la seule réponse due.

Ne sachant qu'attendre, le prédestiné « tout petit » ne le déçoit pas car il détient en son unique prédestination ce qui lui permet de tenir ferme.

Il a reçu pour tous la mission de l'épithalame royal (Ps.44) qui est de ramener au culte du Seigneur Tout-Puissant ceux-là même qui surent, en absolu libre arbitre et non par obéissance à quiconque, ne jamais traiter leurs ancêtres en morts qu'il suffit d'enterrer.

Par son Culte des Ancêtres et son apport d'un nombre incalculable d'âmes - ce juste nombre par lequel le Seigneur Tout-Puissant sauve le grand nombre, l'Humanité, toute entière - le Viêt-Nam participe à la mission salvifique du Christ sauveur.

L'immense poids de ses souffrances passées alors qu'il avait reçu cette capacité de s'unir à l'Humanité, l'a préparé à porter son message au monde.

Souffrances infligées par les Messagers Messianiques[47] de l'Eglise lorsqu'ils l'accusèrent faussement, par un prosélytisme étroit, de commettre l'idolâtrie de mettre la vénération de ses ancêtres au même niveau que celui qu'il rendait au Tout-Puissant.

Souffrances infligées aussi par l'Eglise[48].

Au lieu d'être par Elle soutenu, notre pays fut par Elle brisé dans cette intuition profonde qu'il avait reçue de travailler pour le Seigneur Tout-Puissant en lui préparant cet incalculable nombre d'âmes. C'est ainsi qu'il fut crucifié dans sa croyance alors que,

---

47 Les Missionnaires.

48 Se reporter à l'Annexe 2 « L'Eglise et le Viêt-Nam », à la fin de cet ouvrage.

mieux comprise, elle ne pouvait que favoriser cet essor spirituel auquel il était prêt depuis tant et tant de siècles.

Ce que mon pays, les miens et moi-même, avons souffert depuis toujours ne doit pas persister davantage.

L'Occident « Messianique » doit aussi s'expliquer sur l'assassinat politique qu'il perpétra contre les représentants légitimes du pouvoir vietnamien s'il veut s'épargner aussi bien les conséquences de ce qu'il laissa commettre contre le Viêt-Nam que celles de son inadmissible silence sur ses propres méfaits.

A ce sujet, il est permis de donner acte aux Etats-Unis d'un acte méritoire qu'ils ont accompli en ce 21 Août 2009, au 17ème parallèle entre le Nord et le Centre du Viêt-Nam, lorsqu'ils ont fait cette prière :

« Que Notre-Dame de La-Vang[49] soit aussi la Sainte Mère de notre pays (les Etats-Unis) et de notre chrétienté ».

Après sa visite sur les lieux, le nouvel archevêque américain se rendit à Phủ-Cam, où se trouvent les racines des Ngô-Đình, dans la province de Huế, au centre du Viêt-Nam.

La catholicité américaine a ainsi montré son respect de ce qui relève de l'UPLVN[50] là où les colons se sont fait remarquer par un sinistre silence.

La Sainte Eglise, quant à Elle, ne peut pas se faire complice d'un pareil mutisme.

C'est sur Elle que repose le salut du monde. En cela, Elle ne peut qu'être au premier rang de la Réparation.

---

[49] C'est à La-Vang, dans un endroit désertique de la province de Quảng Trị que s'élevait une toute petite église construite à l'emplacement de l'apparition de la Sainte Vierge, au XIXème siècle, lorsqu'elle voulut protéger des catholiques qui étaient persécutés pour leur religion. Ce « Lourdes » du Viêt-Nam est depuis lors le lieu de pèlerinage annuel des catholiques vietnamiens. Monseigneur Ngô-Đình Thục, le frère du Président, avait obtenu du Vatican qu'elle soit élevée au rang de Basilique. Il l'avait donc embellie et agrandie. Lors de l'inauguration de la Basilique, en 1960, le Président Ngô-Đình Diệm s'y était rendue pour lui confier le Viêt-Nam. En ruines des suites de la guerre, la reconstruction de la Basilique a été entreprise cette année, en 2012.

[50] L'**U**ltime **P**ouvoir **L**égitime du **Viêt-Nam**

Il convient donc de Lui demander d'expliciter clairement les raisons qui l'ont conduite à décider, lors du concile Vatican II (A la 79ème Congrégation Générale, le 2 décembre 1963), que la messe d'ouverture de l'Assemblée honore la mémoire du Président du Viêt-Nam, Ngô-Đình Diệm, et celle de son frère et conseiller, Ngô-Dình Nhu, assassinés le 2 Novembre de cette même année lors du coup d'Etat qui renversa l'Ultime Pouvoir Légitime du Viêt-Nam.

C'était la Messe de « l'Esprit du mois », aussi les pères du concile furent-ils invités à s'unir dans la prière pour leur éternel repos.

L'Occident criminel ayant assassiné mon mari et son frère, Le Seigneur tient en première exigence due à leur pays, à leur peuple comme à eux-mêmes, à ce que Sa Sainte Eglise éclaircisse sa motivation, après ce demi-siècle passé, si Elle ne veut pas assumer douloureusement ses lacunes.

En exigence de Justice qu'Elle se doit déjà à Elle-même, La Sainte Eglise ne saurait y manquer sans porter préjudice à l'Amour qui repose sur l'Esprit de Justice et qui Lui permet de détenir le miracle perpétuel : la Fin de l'Enfer et la Réalisation, enfin, de l'Union du « Ciel et de la Terre », comme Dieu le veut.

Le Viêt-Nam, quant à lui, est prêt depuis toujours à aider ceux qui lui doivent réparation.

Madame Ngô-Đình Nhu

A Tịnh-Quang-Lâu, le 22 Août 2010
en la fête du Couronnement de la Vierge

ANNEXES

1
Vision prophétique de Madame Ngô Đình Nhu

Pour me convaincre de la nécessité d'écrire mes Mémoires, il m'a fallu passer par ce qui me fut autorisé d'En haut à travers une vision étonnante. Je la rapporte telle que je l'ai reçue car elle éclaire ce cheminement qui fut le mien et que j'aurais été bien incapable d'expliquer par mes seuls moyens :

Je me vis un jour sur la route, à côté de mon Bien-aimé Sauveur et Maître, dans un cadre que je n'avais jamais vu, même en image.

La route était sèche, sous un soleil d'été, dans un paysage désert où ne se distinguait aucune note de couleur, de fleur ou même de feuille, car tout était couleur de sable séché. Tous deux, nous étions seuls, comme d'habitude.

Le prédestiné « tout petit » que je suis n'était qu'une présence, sans rien de précis. Tranquille et silencieux, il marchait à côté de son Maître, si insouciant qu'il paraissait à peine exister. Le paysage restait tout à fait désert alors qu'ils marchaient ainsi ensemble depuis un bon bout de temps, semble-t-il. Ni plante, ni fleur, ni feuille. Il n'y avait personne et rien n'indiquait qu'une quelconque présence ait jamais pu se manifester dans ce lieu si désolé. Le curieux, cependant, fut qu'ils arrivèrent auprès d'un gigantesque banian comme nul n'en a jamais vu. Quoique les racines les plus visibles s'organisaient en compartiments vides de toute vie, rien ne paraissait plus tout à fait aussi désolé. Le couple se contentait de rester devant ce banian, au bord de la route.

Le « tout petit », en simple présence évanescente à peine définie près de son Maître, regardait comme Lui arriver tranquillement une voiture. Une sorte d'automobile jamais vue non plus nulle part. Le châssis paraissait être de bois robuste, il était posé sur six fortes roues correspondant bien à cette sorte de locomotion dite automobile. Personne ne la conduisait. Elle roulait seule, sans bruit, et s'arrêta devant les deux promeneurs qui paraissaient l'attendre. La portière de devant, à la gauche du chauffeur (absent), s'ouvrit. Le prédestiné « tout-petit » se faufila derrière la place vide du conducteur. La voiture redémarra brusquement sans être davantage conduite qu'auparavant.

Le petit passager qui ne s'attendait pas à se trouver ainsi seul embarqué s'élança à travers la fenêtre ouverte derrière l'invisible chauffeur. Bien entendu, il ne put faire passer que son buste et il se trouva face au Seigneur, toujours sur place, immobile. Celui-ci Se contenta d'élever l'Eucharistie à la hauteur du visage du « tout petit » qui ne l'entendit pas ainsi. Sa présence, jusqu'alors insouciante comme à son habitude et même évanescente, se révéla du coup n'être rien moins que celle d'une femme, moi-même, en chair et en os. L'air paniqué à faire pitié. Oh combien !

Et soudain, on ne vit plus rien.

Au lieu de cette présence évanescente qui était la mienne à côté de mon Seigneur depuis le début de mon cheminement si particulier, je me découvris, cette fois, à Ses côtés, mais alors en moi-même. Etait-ce ce qu'il me fallait comprendre de l'Eucharistie élevée à mes yeux par mon Doux Maître et Sauveur pour me rendre à moi-même et me faire exister ?

Il m'est d'ailleurs déjà arrivé, devant Lui, de me découvrir sous différents aspects, serait-ce en simple enfant d'environ trois ou quatre ans, jouant seule et tranquille sous Son regard attendri dans cette chambre que justement j'occupe maintenant.

La voiture sans conducteur continuait son chemin.

Et je ne me vis plus avec la moitié du corps hors de la portière mais au contraire assise tranquillement sur la longue banquette située derrière le conducteur toujours absent. J'étais juste à côté de la portière dont le haut était vitré et tout près du Seigneur, à Sa droite. Je tenais serré contre moi, posé sur mes genoux, un de ces épais coussins en satin bleu-roi brodé de motifs vietnamiens. Ce coussin, si caractéristique du Viêt-Nam, était l'unique élément d'identité face à l'anonymat du reste.

Il me signifiait bien le divin soutien à notre pays.

Et là ! Merveille des Merveilles ! Ce coussin n'était rien moins que l'oreiller sur lequel reposait la tête de mon Doux Sauveur, les yeux clos. Il Se délassait, étendu de tout Son long sur la banquette en bois. Il avait ainsi permis ma présence à Son côté. S'étant allongé sur la banquette, Il reposa Sa Sainte Tête sur le coussin que je tenais entre mes bras. Et moi d'envelopper alors, de mon bras gauche, Son Divin buste reposant sur mes genoux. C'était un moment de contemplation absolue, de si près, de la Sainte Face, amoureusement entourée de mes bras de simple mortelle, le bras droit autour du confortable coussin, le bras gauche encerclant délicatement la poitrine de mon Bien-aimé Sauveur. Cela dura tout le temps qui me fut accordé.

Etant une femme du Viêt-Nam, je ne me privai pas de manifester ma tendresse de cette façon si naturelle qu'ont les mamans pour leurs bébés chéris, sans être interrompue en rien et durant tout le temps de la contemplation-extase permise. Je ne me privai donc pas d'embrasser tendrement la Sainte Face adorée à la manière des mamans de chez moi. Quel délice alors de pouvoir, les yeux mi-clos, humer chaque partie de la Divine Face qui gardait les yeux clos de fatigue. C'est un plaisir-extase que ne peut connaître celui qui ignore le traditionnel baiser vietnamien. Sainte Marie-Madeleine le connaissait-elle lorsqu'elle se sentait amoureusement transportée vers son Divin Seigneur ? A ce sujet, il est temps de rectifier cette erreur habituelle qui nous présente Marie-Madeleine comme une « prostituée ». Elle était la fille très gâtée d'une vieille famille de grande renommée et elle vivait comme elle l'entendait, à la manière des filles libérées de maintenant. Ce rétablissement de la vérité nous est présenté en détail dans les visions que Maria Valtorta décrivit dans ses dix livres que sa S.S. Pie XII considère, très justement, comme un chef-d'œuvre. Les relations homme-femme auxquelles le rapport sexuel est prohibé ne peuvent être davantage que ce qu'elles sont. La possible frustration qui peut en résulter est par contre inconnue dans l'expansion de l'amour lorsqu'il peut s'exprimer par le baiser vietnamien comme celui de la mère pour son enfant, le temps qui lui est permis. Mais il semble que l'adulte n'ait jamais songé à un tel échange qui n'émane naturellement que de la maman en extase devant son bébé super-chéri. Elle s'adonne avec délice et de tout son cœur au plaisir de le humer dès qu'elle le peut. C'est dire ce privilège vietnamien envers le Seigneur même pendant tout ce temps d'adoration qui me fut permis pour Lui en son divin amour. Divin droit dont aucune femme ne saurait se priver dès lors qu'elle est acquise à cette expression d'amour si propre au Viêt-Nam. Le prédestiné « tout petit » ne sut que lier sa marche, son cheminement, à sa rencontre-adoration avec Lui, ainsi tenu par la main de son Maître et Sauveur. On ne saurait alors s'étonner des performances d'un être quand il est aussi comblé et comment il en arrive à ne plus rien vouloir d'autre.

D'où son pouvoir intuitif accordé d'En haut sur l'insaisissable, don particulier accordé par le Seigneur à qui Le cherche comme Il Se laisse trouver.

Ainsi se révéla l'adoration permise envers son Maître au prédestiné « tout petit » du Seigneur qui n'est qu'une femme typique du Viêt-Nam traditionnel. Encerclant de mon bras droit la divine tête posée, les yeux fermés, sur l'épais coussin brodé posé entre mes bras, je me donnai ainsi, avec délices, à l'extase d'humer par petites touches, chaque partie du visage divin, sans rien omettre.

A ma connaissance, c'était bien la première fois qu'une tendresse aussi expansive était permise par le Seigneur. Il se laissa ainsi détendre entre les bras de son prédestiné « tout petit ».

Et Lui-même, en une même première fois, abaissa Sa haute taille derrière ce tout-petit pour lui donner le baiser vietnamien au creux du cou. Comme si la force du premier abandon détenait tous les autres.

Cette tendresse émerveillée qui permit au prédestiné « tout-petit » de s'exprimer ainsi envers son Seigneur est à noter comme un privilège qui me permet, certes, de le faire connaître et de confirmer ainsi l'imminent miraculeux retour du Seigneur au Viêt-Nam même.

Ce proche retour est annoncé depuis 1988 par les Ecoles du Rayonnement Divin qu'Il a suscitées dans le monde à partir de la Suisse[51].

D'où cette grande attente où le Viêt-Nam compte. Je ne peux que le dire clairement.

Tout ce que le prédestiné « tout petit » a supporté depuis sa naissance l'autorise, au nom de l'amour miséricordieux de son Divin Maître, à en appeler à Lui, pour tout régler dans la brièveté du temps, rien qu'en éclairant les autres sur ce qu'il faut. Qu'est-ce en effet que la Toute Puissante Miséricorde si elle ne fait pas comprendre, dans la brièveté du temps imparti, ce dont la simple Justice se contente. Pourquoi payer au prix fort ce qui peut l'être au moindre prix grâce à la Toute Puissance Amoureuse du Seigneur ?

Comment en serais-je arrivée à l'amour infini envers mon Doux Sauveur s'Il n'avait tout obtenu de moi en me le faisant comprendre d'abord au moindre prix ? On pourrait m'objecter qu'en définitive Il n'a tout obtenu de moi qu'après me l'avoir fait payer au prix le plus fort ! Mais pour quelle autre raison si ce n'est que mon intelligence ne s'ouvrit qu'à ce prix accablant.

Les règles du Jeu n'en sont pas modifiées pour autant.

***

---

[51] Cf. *Toi aussi, annonce ma venue, Ecole du Rayonnement divin*, par Marie-Elisabeth. Ed. du Parvis, 2004. CH- 1648- Hauteville (Suisse)

2
L'Eglise et le Việt-Nam

Une note complémentaire s'impose à propos des relations qui se sont tissées entre le Việt-Nam et l'Eglise car il s'agit de relations très anciennes qui datent de près de sept siècles. C'est vers 1320 que le frère franciscain, Odorico, natif de Pordenone en Italie, est envoyé comme missionnaire en Orient, de l'Inde jusqu'à la Chine en passant par le Việt-Nam.

Les siècles suivants, dominicains et jésuites se rendent à leur tour dans ces contrées lointaines. En 1582, le Père Matteo Ricci, fondateur des missions jésuites en Chine, arrive en Asie. Il se passionne pour la culture et la civilisation des pays qu'il parcourt. Très vite, il comprend que la religion chrétienne doit tenir compte de certains usages transcendants gravés profondément dans le rituel confucéen.

Ainsi, le Père Ricci laisse-t-il l'usage de leurs vocables à tous ceux qui décident de suivre le chemin du Christ. Ils pourront donc invoquer Dieu en utilisant leurs termes habituels comme « Le Souverain d' En haut » ou « Le Ciel ». Le jésuite a aussi discerné que le rite du « Culte des Ancêtres » pratiqué en Asie n'a rien à voir avec une quelconque idolâtrie mais manifeste au contraire l'amour filial et le respect légitime que l'on doit à ses ancêtres. Respect et amour que l'Eglise pratique elle-même lorsqu'elle célèbre la fête des Morts qui suit la grande fête de la Toussaint du 1er novembre.

Les jésuites de Pékin reçoivent la permission de célébrer la messe en chinois. Ils publient un missel en chinois. Le christianisme se développe en Asie car les Orientaux retrouvent, dans cette transcendance aimante à laquelle le Christ appelle tous les hommes, bien des vérités qu'ils ont eux-mêmes pressenties. Le Père Ricci meurt en 1610 et son apostolat est poursuivi par ses successeurs jésuites.

Alexandre de Rhodes, jésuite également, arrive en Cochinchine en 1625. Il y reste un moment puis remonte vers le

Tonkin et s'installe en Chine en 1630. Il y restera dix ans avant de retourner en Cochinchine. Un édit contraint les missionnaires à partir. Quelque douze mille chrétiens demeurent sans prêtres. Quelques mois plus tard, Alexandre de Rhodes revient à Tourane. Grâce à la tolérance du seigneur de Huế, il peut rester deux ans dans le pays avant d'en être expulsé en 1645. Provençal de grande culture, doué pour les langues, il a appris le vietnamien qu'il parle parfaitement. En 1651, il publie un premier catéchisme ainsi qu'un dictionnaire en *quốc ngữ*, c'est-à-dire en langue vietnamienne écrite avec des caractères romains. Le Việt-Nam est le seul pays d'Asie à pouvoir écrire sa langue avec des caractères romains. Ses caractères traditionnels resteront en usage dans les milieux lettrés rompus aux arts de la calligraphie.

L'hostilité que l'Asie a commencé à manifester à l'encontre du christianisme, et qui a valu à Alexandre de Rhodes son expulsion du Việt-Nam, est imputable à l'influence des ordres franciscains, dominicains et augustiniens qui ont été unanimes à condamner la tolérance culturelle des jésuites vis-à-vis de certains rites confucéens dont celui lié au Culte des Ancêtres. Cette désastreuse incompréhension va rejaillir sur le Pape Innocent X. Le 12 décembre 1645, le chef de l'Eglise rend un décret pontifical qui assimile les rites confucéens à des pratiques superstitieuses et les condamne. Le Pape qui ne s'est jamais déplacé aussi loin qu'en Asie n'a pas les moyens de mettre en doute ce que lui relatent ces missionnaires qui en reviennent et qui lui ont adressé ces informations pressantes.

Les jésuites ne peuvent se résoudre à accepter ce décret fondé sur une approche erronée des rites confucéens.

Ils dépêchent l'un des leurs, le père Martini, auprès du pape pour l'éclairer davantage sur la nature de ces rites mal interprétés par les autres ordres missionnaires. En 1656, le père Martini obtient du nouveau Pape, Alexandre VII, un autre décret qui tolère l'hommage à Confucius comme « un culte purement civil et politique ». Trois ans plus tard, en 1659, le Pape ira plus loin encore lorsqu'il remettra ses instructions à François Pallu et

Pierre Lambert de la Motte, les fondateurs de la Société des Missions Etrangères de Paris. Il les conseille ainsi[52] :

« Ne pressez jamais, ne persuadez en aucune façon ces peuples de changer leurs rites, leurs coutumes, leurs mœurs, à moins qu'ils ne soient évidemment contraires à la religion et à la morale. Quoi de plus absurde que de transporter chez les Chinois, la France, l'Espagne, l'Italie ou quelque autre pays d'Europe ? N'introduisez pas chez eux nos pays, mais la foi, cette foi qui ne repousse ni ne blesse les rites ni les usages d'aucun peuple, pourvu qu'ils ne soient pas détestables, mais bien au contraire veut qu'on les garde et les protège… Ne mettez donc jamais en parallèle les usages de ces peuples avec ceux de l'Europe ; bien au contraire, empressez-vous de vous y habituer… »

Les choses ainsi remises en ordre comme elles devaient l'être, l'évangélisation peut reprendre au Việt-Nam.

En 1668, ont lieu les premières ordinations de prêtres autochtones.

Le père jésuite Dominique Parrenin part pour la Chine accompagné d'un groupe de six religieux, mathématiciens et astronomes que l'empereur de Chine a demandés à Louis XIV. Il arrive à Canton en 1699. En 1701, il consacre un traité à l'étude et à l'analyse du « Culte des Ancêtres ». Il y développe toute la piété familiale qui imprègne ce culte.

En 1693, contrairement aux prescriptions du pape Alexandre VII, Mgr Maigrot, vicaire apostolique au Foukien (province méridionale du Sud-Est de la Chine située en face de l'île de Taiwan) prend sur lui d'interdire les rites confucéens.

En 1704, sous son influence, Clément XI revient sur l'esprit d'ouverture qui avait été manifesté et consigné par décret cinquante ans plus tôt. Il condamne à nouveau les méthodes évangéliques des jésuites. Le légat pontifical, Thomas de Tournon, envoyé sur place, accumule tant de maladresses qu'il

52 Cf. « Le risque de la Mission, Martyrs Francs-Comtois au Việt-Nam »- Textes rassemblés par Jean-Christophe Demard et Gabriel Socié, édités par Dominique Guénot en juin 1988 à Langres.

est expulsé par l'empereur K'ang-Hi. Vexé, il obtient une nouvelle condamnation papale des rites chinois, ce sera la bulle pontificale *Ex Illa Die* du 19 mars 1715.

L'empereur, outré, interdit la prédication du christianisme et fait expulser tous les missionnaires sauf les jésuites, lesquels devront en définitive se soumettre au Vatican lorsque Benoît XIV prononcera la bulle *Ex Quo Singulari Providentia* le 11 juillet 1742.

Un frein puissant va peser sur l'expansion du christianisme. Et, pis que tout, les persécutions vont commencer. Elles seront terribles.

C'est alors que survient une très étonnante histoire qui va unir la France au Việt-Nam à travers l'Eglise.

Un prêtre, Pierre Pigneau de Béhaine, évêque d'Adran, arrive en Cochinchine en 1774. Il fera la connaissance du jeune Nguyễn-Anh aux prises avec une situation tragique. Neveu de l'empereur Du-Tông, il a douze ans lorsque trois frères originaires du village de Tây-Sơn se mettent à la tête d'un grand nombre de rebelles, attaquent les autorités et tuent son oncle ainsi que tous les prétendants au trône. Seul, par miracle, Nguyễn-Anh échappe au massacre. Contraint de se cacher, il se réfugie au Siam. Touché à la fois par la détresse et les qualités qu'il pressent dans ce jeune homme, l'évêque d'Adran va intervenir pour lui obtenir l'appui de la France afin qu'il puisse recouvrer son royaume.

Par le traité de Versailles, signé le 28 novembre 1787, le roi Louis XVI s'engage à apporter son aide à Nguyễn-Anh. En échange, la France reçoit la promesse d'un monopole commercial en Cochinchine. Avec trois vaisseaux armés ainsi que l'appui de conseillers militaires et techniques, Nguyễn-Anh parvient à se rétablir dès 1788. L'année suivante, éclate la Révolution française. Alors que le roi de France ne peut plus agir, quelques nobles français maintiennent leur concours au jeune chef vietnamien. Il triomphe de la dynastie des Trình et de celle, annamite, des Lệ. Victorieux, il entre à Huế qu'il choisit comme capitale en 1801. Il impose son autorité au Tonkin. Son pouvoir s'étendra au Cambodge et au Laos sous protectorat français.

Nguyễn-Anh va réaliser l'union du nord et du sud du Vietnam qui étaient séparés depuis soixante ans. Le royaume vietnamien est désormais constitué de la Cochinchine, de l'Annam et du Tonkin. C'est un évènement considérable. En 1802, il devient l'empereur de tout le Việt-Nam sous le nom de Gia-Long. Les nobles français qui l'ont aidé dans son œuvre de reconquête reçoivent le titre de hauts mandarins vietnamiens.

Indéniablement, il y a eu une alliance heureuse entre le Việt-Nam, l'Eglise et la France. Gia-Long va mettre fin aux persécutions en publiant des édits de tolérance tels que celui-ci :

« *Les catholiques sont aussi citoyens du grand* **Việt-Nam** *que nos autres sujets. Les obliger à pratiquer une religion contraire à leur croyance serait une faute d'une grande injustice. Pour moi, ce serait déplaire à notre Père Céleste que de violer cet esprit d'équité qu'il a mis en ma personne.* »

L'évêque d'Adran meurt à Saigon le 9 octobre 1799, âgé de cinquante-huit ans. L'empereur Gia-Long meurt en 1820. Son fils Minh-Mạng se ferme aux étrangers et entreprend de persécuter les chrétiens « déstabilisateurs » de l'ordre ancien. En janvier 1833, il lance un édit de persécution et ordonne à ses mandarins de contraindre les chrétiens de leur territoire à renoncer à leur croyance et à raser leurs lieux de culte.

Thiệu-Trị succède à son père en 1841, une accalmie se fait car il redoute une intervention française en faveur des chrétiens.

Tự Đức lui succède en 1847 et les douze premières années de son règne sont une intense période de persécution car l'empereur souhaite l'unité politique mais aussi morale et spirituelle de l'empire.

Selon les sources des Missions Etrangères de Paris, quatre-vingt dix mille chrétiens auront à souffrir pour leur foi dans l'empire du Việt-Nam au cours du 19ème siècle. La plupart sont des laïcs, hommes, femmes et enfants. Tous ne sont pas morts de la main du bourreau, mais beaucoup d'entre eux seront atrocement martyrisés. L'empereur Tự Đức a créé le supplice des cent plaies, le bourreau arrache au chrétien vivant cent morceaux de sa chair, c'est un spectacle effroyable. Des villages chrétiens entiers sont déportés dans des régions insalubres.

Afin de porter secours aux chrétiens massacrés, la France envoie une armée en 1862. Elle évoque le traité de 1787 pour justifier son intervention sur le « protectorat » qu'elle estime avoir sur la Cochinchine par les comptoirs qu'elle y a installés. Elle est reçue sans enthousiasme par les chrétiens et les missionnaires. C'est le début de la colonisation française. L'Europe est en pleine époque d'expansion coloniale.

A côté des affaires menées selon les intérêts des uns et des autres, chacun poursuit sa vie matérielle et spirituelle selon l'éducation reçue et l'environnement ambiant. L'Eglise catholique vietnamienne connait son propre essor et, en 1933, le pape Pie XI sacre le premier évêque du Việt-Nam, Mgr Nguyển Ba Tong.

Il lui adresse alors ces paroles prophétiques: *« Vous rentrez dans votre pays, le Việt-Nam. Continuez l'apostolat missionnaire, car le Việt-Nam a une grande vocation et une grande mission : c'est la fille aînée de l'Eglise en Extrême-Orient.*[53] *»*

Le 8 décembre 1939, le jour de la fête de l'Immaculée Conception, le pape Pie XII décrète que les chrétiens d'Asie sont autorisés à pratiquer leurs rites ancestraux.

A peine dix ans plus tard, le 1er octobre 1949, Mao Tsé Toung proclame à Pékin la République populaire de Chine. C'est le triomphe du communisme. Bientôt seront interdits tous les cultes, qu'ils soient confucéens ou chrétiens...

Le 19 juin 1988, le pape Jean-Paul II proclame saints 117 chrétiens qui connurent le martyre au Việt-Nam. Parmi eux, il y a 96 prêtres et laïcs vietnamiens, 11 religieux dominicains espagnols et 10 prêtres français des Missions Etrangères de Paris.

---

[53] Cf. La préface de Mgr F.X. Nguyễn Văn Thuận dans les « Œuvres complètes, tome 1 – Autobiographie »- de Marcel Van à Saint-Paul Editions Religieuses /Les Amis de Van - 2005.

S'il y eut des colonialistes avides et au comportement peu chrétien, il y eut aussi de belles figures et des âmes consacrées venues d'Occident qui donnèrent le meilleur d'elles-mêmes au Việt-Nam. On pense ici à Jean Cassaigne, appelé aussi « l'évêque lépreux ». Il naquit en France le 30 janvier 1895 à Grenade sur Adour, dans les Landes, et mourut le 31 octobre 1973 à la léproserie de Di-Linh (autrefois appelé Djiring) dans les hauts plateaux du nord-est de Saigon, là où vivent les Moïs (Montagnards). Jean Cassaigne, après avoir été envoyé comme missionnaire chez les Moïs en janvier 1927, avait reçu contre son gré la charge d'évêque de Saigon en Juin 1941. Atteint par la lèpre qu'il avait si longtemps soignée chez les Moïs, il choisit de mourir à la léproserie de Djiring auprès de cette population de Montagnards qui l'avait accueilli au début de sa mission et à laquelle il s'était profondément attaché. Le Saint-Siège nomma Mgr Hiên pour être son successeur à Saigon en novembre 1955.

Une autre figure attachante de la foi chrétienne est incarnée par le jeune Joachim Nguyễn Tan Van, connu aussi sous le nom de Marcel Van, mort le 10 juillet 1959, à 31 ans, dans un camp de rééducation communiste au nord du pays. Sainte Thérèse de l'Enfant Jésus, à qui il avait confié sa vie spirituelle, lui donna la mission de continuer, avec elle, d'incarner l'amour du Christ au Việt-Nam. Elle aimait ce pays. Son ordre monastique avait prévu de l'envoyer au carmel de Hà-Nội mais sa santé trop fragile l'obligea à y renoncer. Malgré sa détestation des Français, Marcel Van apprit avec Sainte Thérèse à prier pour eux afin que de l'amitié retrouvée entre les deux peuples naisse l'unité entre l'Orient et l'Occident. En 1925, le pape Pie XI, en canonisant Sainte Thérèse, l'avait proclamée patronne des Missions à l'égal de Saint François Xavier.

Peu de temps avant de mourir, Marcel Van laissa un dernier message : « Et voici maintenant la dernière parole que je laisse aux âmes : je leur laisse mon amour et avec cet amour, si petit soit-il, j'espère rassasier les âmes qui veulent se faire toutes petites pour venir à Jésus. C'est là une chose que je voudrais décrire mais avec mon peu de talent, les mots me manquent pour le faire. »

La cause de béatification de Van a été introduite le 26 mars 1997 dans le diocèse de Belley-Ars, comme Confesseur de la foi.

Neuf ans plus tard, Jean-Paul II manifeste à nouveau son soutien chaleureux à l'Eglise du Việt-Nam à la veille du 200ème anniversaire des apparitions de la Vierge Marie à La Vang. Il écrit le 16 décembre 1997 au cardinal Paul Joseph Pham-Đình- Tung, archevêque de Hà-Nội et président de la Conférence épiscopale du Việt-Nam :

« … Alors que commence la célébration jubilaire du 200e anniversaire des apparitions de la Vierge Marie à La Vang, je m'unis chaleureusement à la joie et à l'action de grâce des Évêques du Việt-Nam *et de leurs diocésains.*

Dans ce sanctuaire si cher au cœur des catholiques de votre pays, c'est un message d'espérance au milieu des détresses spirituelles et corporelles que la Mère du Seigneur a délivré en 1798 à ses enfants en leur annonçant: « Ayez confiance, souffrez de bon cœur les peines et les douleurs, j'ai déjà exaucé vos prières. Dorénavant tous ceux qui viendront me prier en ce lieu verront leurs vœux exaucés ». Depuis deux siècles ce message, qui demeure toujours actuel, est accueilli avec ferveur à La Vang. Malgré les grandes épreuves qui l'ont marqué au cours de son histoire, ce Centre marial, devenu national, a su garder vivante la tradition des pèlerinages. Dans le secret des cœurs, de nombreuses personnes de toutes origines et de toutes conditions viennent confier à leur Mère du ciel leurs peines et leurs espérances. Évêques, prêtres, religieux et religieuses, laïcs aiment à trouver ici la présence accueillante de Celle qui leur donne le courage de rendre un admirable témoignage de vie chrétienne dans des circonstances souvent difficiles. Je bénis Dieu qui n'abandonne jamais le peuple de ceux qui le cherchent et qui, avec l'assistance maternelle de la Vierge Marie, continue de le guider aux jours de bonheur comme aux jours d'adversité.

Je souhaite aux fidèles, qui en cette année jubilaire viendront prier Notre-Dame de La Vang dans son sanctuaire ou qui l'invoqueront en d'autres lieux, de trouver un nouvel élan apostolique pour leur vie chrétienne et de recevoir réconfort et force pour faire face aux soucis de l'existence. Je les invite à voir en Marie, la Mère que Jésus lui même a donnée aux hommes, celle qui les mène vers son divin Fils. Ayant vécu de façon parfaite la condition de disciple du Seigneur, elle appelle les chrétiens à avancer sur le chemin d'une vie évangélique ardente. Qu'elle les entraîne à être des pèlerins fermes dans la foi en la personne du Christ, unique Sauveur de l'humanité, des pèlerins de l'espérance tendus vers l'attente de l'heure de Dieu pour la récolte des semences déjà jetées en terre, et des pèlerins de la charité vivant leur vocation d'unité, de fraternité et de service au milieu des frères et des sœurs dont ils partagent l'existence !

Alors que nous sommes entrés dans la seconde année préparatoire au grand Jubilé de l'An 2000, consacrée au Saint-Esprit, j'engage donc les catholiques du Việt-Nam *à contempler en Marie une humble femme de notre humanité qui s'est laissée conduire par l'action intérieure de l'Esprit. En union intense et profonde avec Dieu, elle a obéi à ses appels dans une totale fidélité. Que tous puissent découvrir en elle une femme du silence et de l'écoute, qui méditait en son cœur ce que l'Esprit du Seigneur lui faisait percevoir de sa présence aimante et de son action sanctifiante! Ne se laissant jamais décourager par les difficultés, elle a porté à sa plénitude l'aspiration des pauvres du Seigneur, modèle rayonnant pour ceux qui mettent de tout cœur leur confiance dans les promesses de Dieu.*

Rejoignant par le cœur et la prière les nombreux pèlerins de La Vang, j'invoque ardemment la Mère du Christ, Mère des hommes, pour le peuple vietnamien tout entier comme pour les communautés de chrétiens originaires de ce pays vivant à l'extérieur. Qu'ils mettent leur confiance en la Vierge très sainte qui les accompagne maternellement dans leur pèlerinage terrestre! Là où ils vivent, qu'ils soient des disciples du Christ fidèles et généreux, témoignant de l'amour infini de Dieu au milieu de leurs frères et de leurs sœurs!

En cette heureuse occasion du bicentenaire des apparitions de la Vierge à La Vang je vous envoie, Monsieur le Cardinal, mon affectueuse Bénédiction Apostolique que j'étends volontiers aux Évêques, aux prêtres et à ceux qui se préparent au sacerdoce, aux religieux et aux religieuses ainsi qu'à tous les fidèles du Việt-Nam *et de la diaspora.*

IOANNES PAULUS PP. II

Le 15 août 2012, en la solennité de la fête de l'Assomption de la Vierge Marie, le président de la Conférence épiscopale du Việt-Nam, Mgr Pierre Nguyễn-Văn Nhon, le représentant du Saint-

Siège au Việt-Nam, Mgr Leopoldo Girelli, l'archevêque du lieu, Mgr Etienne Nguyển-Nhu Thê, en présence de seize évêques, d'une centaine de prêtres et de plus de 200.000 pèlerins, se sont rendus à Notre Dame de La Vang. Ils y ont posé les 27 premières pierres de la construction de la future basilique en remplacement de la précédente ravagée par la guerre. Ces pierres symbolisent les 26 diocèses vietnamiens. La 27ème pierre représente la participation de l'ensemble de la diaspora catholique vietnamienne dans le monde.

C'est à La Vang, au plus fort de la persécution contre les catholiques, que Notre Dame y était apparue, en 1798, pour protéger dans leur fuite les chrétiens qui s'y étaient réfugiés. Depuis plus de cent ans, les Vietnamiens y viennent en pèlerinage.

* * *

3
Trois lettres inédites de Ngô Đình Nhu

Nous publions trois lettres que Ngô Đình Nhu écrivit à ses amis chartistes :

– Une lettre du 20 avril 1956 où il expose la complexité politique à laquelle est confrontée la toute jeune République du Việt-Nam.

– Une lettre écrite peu après la fête du Têt de 1963. Lettre heureuse où il parle des progrès du Việt-Nam sur la sale guerre (début 1963).

– La lettre du 2 septembre 1963, rédigée deux mois avant le coup d'Etat qui va provoquer sa mort. Lettre plus sombre.

* * *

le 20 avril

Mon cher Benet,

Merci infiniment pour ta longue lettre du 8. C'est positivement étonnant cette unité de vue entre toi et moi sur tous les aspects du problème qui nous intéresse, que cela touche les réalités politiques ou les hommes qui y participent, y compris mes frères, M. Khiêm ou tes compatriotes. C'est à croire que nous ne nous sommes pas quittés depuis 1949 et que nous travaillons côte à côte dans le même bureau sous l'inspiration vigilante de ta Simone. C'est te dire combien je suis heureux de voir pareille communion d'idées et de sentiments entre toi et moi, séparés par des milliers de kilomètres. C'est vrai qu'après avoir surmonté la crise Hinh, nous nous apprêtions à démarrer avec l'affaire des sectes qui se présentait on ne peut plus favorablement. Malheureusement nous sommes coincés entre l'incompréhension française et l'inexpérience américaine : une différence d'appréciation sur l'opportunité de briser d'une façon ferme et décisive l'obstacle féodal pour libérer ce pauvre peuple vietnamien et le rallier à nous. Depuis l'avènement du Président, la grande pensée de Gt est de briser les deux obstacles, cercles de fer, qui séparaient le peuple du gouvernement progressiste : c'est l'armée "nationale" et "les sectes". Nous avons gagné la première manche, nous espérons gagner la seconde, la belle sera après les élections que

La France n'a pas encore de politique en Indochine. C'est le moment où jamais d'élaborer une politique claire. Dieu sait que ... est précis. Pour tes conseils et encouragements
Je reste toujours le même, sauf que mes cheveux commencent à blanchir et mon caract...

nous sommes certains de gagner. Ajoutez à cela le « Temps harcelant » qui ne nous permet pas de musarder en chemin et de pratiquer la bonne vieille politique du compromis. L'heure est donc unique et décisive. Si nous ne réussissons pas à convaincre les responsables du Monde libre pour qu'ils nous aident à neutraliser les colonialistes qui soutiennent les féodaux contre le Gt national, nous irons à la catastrophe. Car le peuple vietnamien ~~sera~~ déçu définitivement nous abandonnera. Et le Monde asiatique que nous avons travaillé ces derniers mois et qui commençait à sympathiser avec nous, se détournera de nous, isolés alors en Asie ~~[illegible]~~ et à la merci du Viet-minh. Car il ne faut plus recommencer l'expérience de 1945-1954. Soutenus seulement par le camp occidental, nous sommes sûrs d'être battus par le communisme en Asie. Il faut avoir le concours du peuple vietnamien et la sympathie du Monde asiatique, pour que l'aide occidentale, dédouanée par la personnalité du Pt Ngô, puisse être utile, ayant reçu l'étiquette asiatique. Cette conception est bien comprise par des hommes intelligents et au courant des affaires d'ici, tels que M. de Roux (Aff. étrangères) et Risterucci (États associés). Il faut travailler de manière à ce que des instructions en ce sens, qui sont, je me permets, déjà prêtes, soient envoyées d'urgence à Saigon. Le Général Ely est un brave homme, malheureusement il est de nature inquiet et pessimiste (voir affaire Hinh = armée coupée en deux, guerre civile etc... si le Pt touche à Hinh...). Le Général est une espèce de Docteur Tant pis, qui voit tout en noir ou plutôt tout en rouge. Rappelle-toi les velléités des communistes qui cherchaient

à créer un État autonome en Extrême-Orient à l'époque de la guerre [illegible] que les Français n'ont pas hésité à souffler deux ou trois ans. Il faut sacrifier quelques-uns parmi les [illegible] —

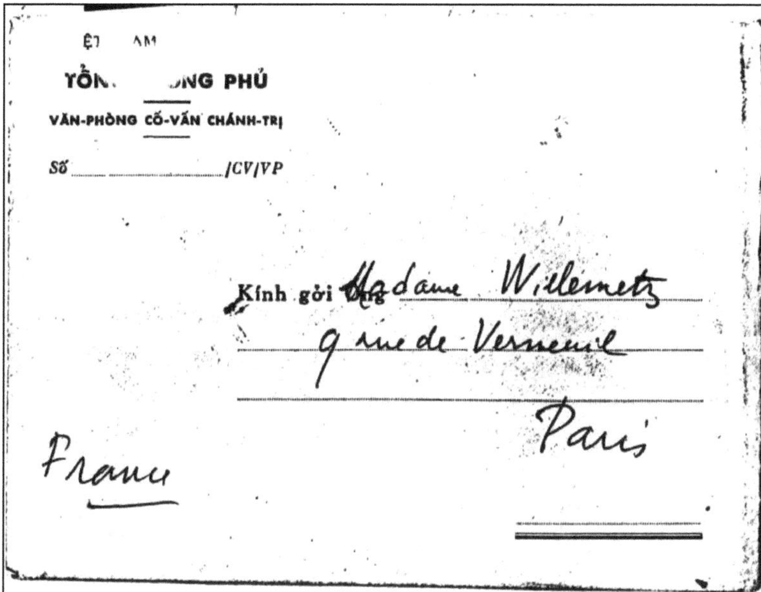

ỆT AM

TỔN... ỐNG PHỦ

VĂN-PHÒNG CỐ-VẤN CHÁNH-TRỊ

Số ..../CV/VP

Kính gởi Ông Madame Willemetz

9 rue de Verneuil

Paris

France

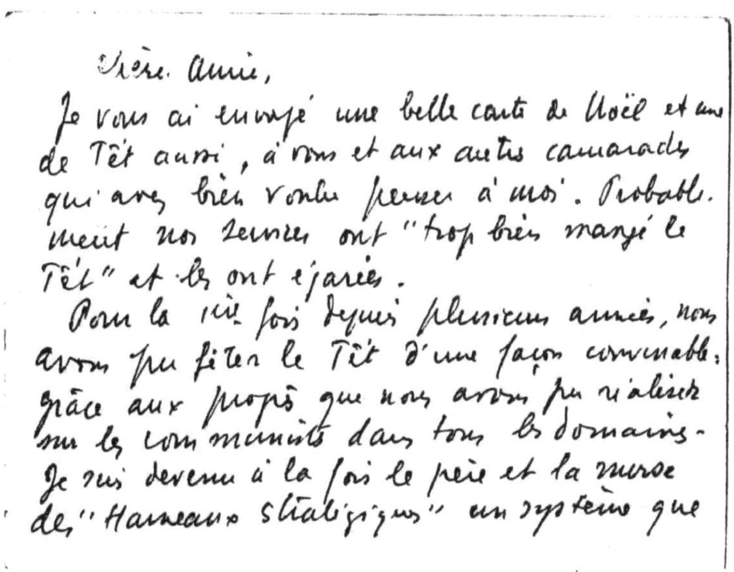

Chère amie,

Je vous ai envoyé une belle carte de Noël et une de Têt aussi, à vous et aux autres camarades qui avez bien voulu penser à moi. Probablement nos services ont "trop bien mangé le Têt" et les ont égarées.

Pour la 1ère fois depuis plusieurs années, nous avons pu fêter le Têt d'une façon convenable: grâce aux progrès que nous avons pu réaliser sur les communistes dans tous les domaines. Je suis devenu à la fois le père et la mère des "Hameaux stratégiques" un système que

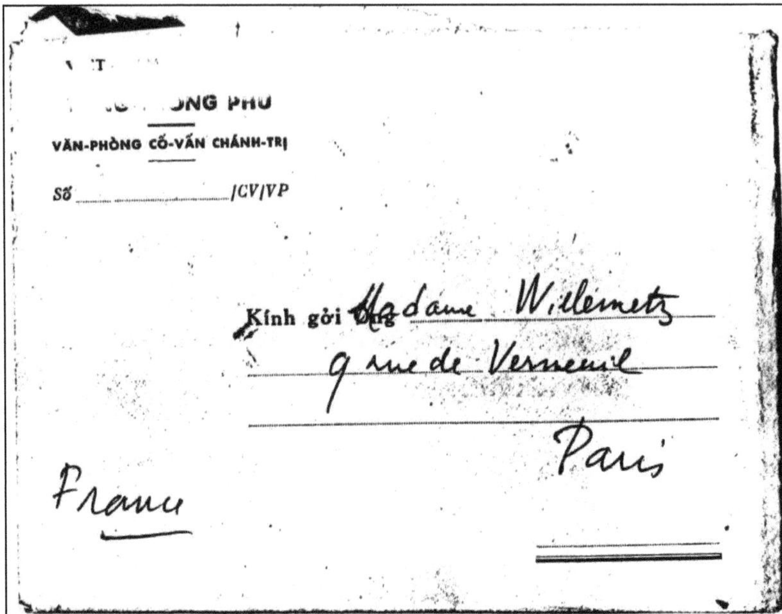

...T...

...ÔNG PHỦ

VĂN-PHÒNG CỐ-VẤN CHÁNH-TRỊ

Số ..../CV/VP

Kính gởi ~~Ông~~ Madame Willemetz

9 rue de Verneuil

Paris

France

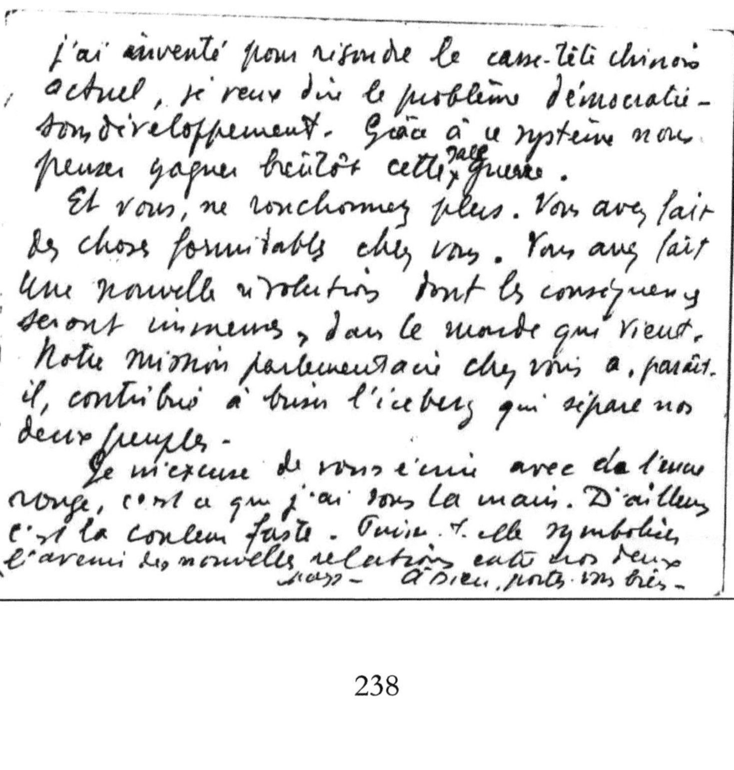

j'ai inventé pour résoudre le casse-tête chinois
actuel, je veux dire le problème démocratie-
sous-développement. Grâce à ce système nous
pensons gagner bientôt cette sale guerre.
Et vous, ne ronchonnez plus. Vous avez fait
des choses formidables chez vous. Vous avez fait
une nouvelle révolution dont les conséquences
seront immenses, dans le monde qui vient.
Notre mission parlementaire chez vous a, paraît-
il, contribué à briser l'iceberg qui sépare nos
deux peuples.
Je m'excuse de vous écrire avec de l'encre
rouge, c'est ce que j'ai sous la main. D'ailleurs
c'est la couleur faste. Puis elle symbolise
l'avenir des nouvelles relations entre nos deux
pays. À Dieu, portez-vous bien.

… CỘNG-HÒA

TỔNG - THỐNG PHỦ

VĂN-PHÒNG CỐ-VẤN CHÁNH-TRỊ

Số .... /CV/VP

Rec. **R** SAIGON 5 N°5 7 1

Par Avion.

…R AVION

Kính gởi ~~Ông~~ Mme G. Willemetz
9 rue de Verneuil
Paris 7ème
France

SAIGON 02 IX 63 8G VIỆT-NAM

VIỆT-NAM × 205 BƯU-CHÍNH Số máy 5

Chère amie, Personnel

Excusez-moi de vous avoir donné tant de soucis.
Je déteste ces journaleux avec leur amour du sensati-
onnel et leur cupidité commerciale, parce qu'ils
vous ont empêché de dormir. Au fond, il n'y a 3
fois rien autre que la conjuration américaine et com-
muniste contre le Sud Vietnam, parce que le Vietnam
veut tout simplement être lui-même et pas autre
chose, ni américanisé, ni communisé. D'où
cette affaire bouddhiste qu'ils ont montée contre nous.
Nous sommes obligés de la régler une fois pour
toute, en brisant le cercle de magie et de ter-
reur qu'ils ont installé dans 5 pagodes sur plus
~~de~~ 4000 pagodes dans tout le pays. Dans ces
pagodes ils utilisent tous les moyens, y compris
le terrorisme, pour hypnotiser quelques esprits faibles
en vue de les pousser à se jeter dans le feu, après a-

voi avisé les télévisionistes américains, qui paient bon prix l'organisation de ce spectacle unique au XXe siècle - depuis l'état de siège, c'est-à-dire, depuis le 20 août jusqu'à maintenant, il n'y a plus de suicide de bonzes. C'est la preuve que libérés de l'organisation secrète américano-soviétique (terreur, intoxication etc...), les bonzes ont pu reprendre leur vie normale : l'affaire est terminée - Cependant les comploteurs, frustrés dans leur entreprise de coup d'état pour mettre à la tête du Vietnam une nouvelle espèce de Bao-Dai, ont voulu tenter de monter une affaire d'étudiants, comme en Corée et en Turquie : ils en ont été pour leurs frais, car nous avons étouffé tout cela dans l'œuf : tous ces soi-disant étudiants ont été mis dans un camp d'entraînement militaire d'où deux jours après, ils sont rentrés chez eux, tout à fait désintoxiqués : ils ont été manipulés

par la propagande américano-soviétique, (2) et terrorisés par leurs bandes secrètes - Nous savons qu'"ils" ont mis 20 millions de dollars dans toute cette affaire : ils ne nous laisseront pas tranquilles, parce qu'ils doivent justifier ces énormes frais à leurs chefs. Ils ont dû en mettre beaucoup dans leurs poches, et maintenant ils ont peur pour leur propre peau.

Je vous raconte tout ceci, non pour vous intoxiquer, ni pour vous calmer, mais parce que je vous dois toute ma sincérité, vous qui êtes une amie si fidèle et si sensible - Si mon pauvre pays n'était

VIỆT-NAM CỘNG-HÒA

TỔNG - THỐNG PHỦ

VĂN-PHÒNG CỐ-VẤN CHÁNH-TRỊ

Số .... /CV/VP

Re. R SAIGON 3 №5 7 1

Par Avion.

PAR AVION

Kính gởi ~~Ông~~ Mme G. Willemetz
9 rue de Verneuil
7
Paris 7ème
France

SAIGON 02 IX 63 80 VIỆT-NAM

VIỆT-NAM 205 BƯU-CHÍNH Số máy 3

---

pas en si grave danger, j'aurais tout lâché, rien que pour ne pas vous donner des crises cardiaques à cause de moi.

C'est dire combien je suis sensible à votre affectueuse amitié, et aussi combien, dans les graves dangers que je cours à tous les instants, votre pensée est une consolation et un encouragement précieux pour moi. Je ne me moque pas du tout de la prière que vous m'avez envoyée : je la porterai toujours sur moi, non par esprit superstitieux, mais parce qu'elle représente votre pensée présente en moi au milieu des dangers dont vous avez vous-même fait la dure expérience quand vous étiez dans la Résistance.

Votre [illegible]

Bibliographie

– Jean Chesneaux, *Contribution à l'Histoire de la Nation Vietnamienne* (Editions Sociales, Paris, 1955)

– Laurent Cesari, *L'Indochine en guerre 1945-1993* (Edition Belin Sup – Histoire, Paris, 1995)

– Pierre-Richard Feray, *Le Việt-Nam* (Editions Presses Universitaires de France, Paris, 1990)

– Suzanne Labin, *Việt-Nam, Révélations d'un témoin* (Nouvelles Editions Latines, Paris, 1964)

– Truong-Vình Le, *Việt-Nam, où est la vérité ?* (Editions Lavauzelle, Paris, 1989)

– Jacques de Folin, *Indochine 1940-1955 La fin d'un rêve* (Editions Perrin, collection Vérités et Légendes, Paris, 1993)

– Robert McNamara, *Avec le recul, la tragédie du Việt-Nam et ses leçons* (Editions du Seuil, Paris, 1996)

– Michel Tauriac, *Việt-Nam, le dossier noir du communisme, de 1945 à nos jours* (Editions Plon, Paris, 2001)

– S..M. Bảo-Đại *Le Dragon d'Annam* (Editions Plon, 1980)

– Ellen J. Hammer *A death in November, America in Việt-Nam 1963* (Editions Oxford University Press)

– Marguerite Higgins, *Our Việt-Nam nightmare* (Editions Harper&Row, 1965)

– *Le risque de la Mission, Martyrs Francs-Comtois au Việt-Nam* - Textes rassemblés par Jean-Christophe Demard et Gabriel Socié. (Editions Dominique Guénot, juin 1988 à Langres)

– Richard Nixon, *Mémoires* (Edition Stanké, 1978)

– Dom Jacques-Marie Guilmard, *Grand Monsieur, l'évêque lépreux* (Ed. Pierre Téqui)
– Eric Roussel, *Charles de Gaulle* (Ed. Gallimard, 2002)
– *Le Dossier du Pentagone* (Ed. Albin Michel, 1971)

Table

DEUXIÈME PARTIE

L'HARMATTAN, ITALIA
Via Degli Artisti 15; 10124 Torino

L'HARMATTAN HONGRIE
Könyvesbolt ; Kossuth L. u. 14-16
1053 Budapest

ESPACE L'HARMATTAN KINSHASA
Faculté des Sciences sociales,
politiques et administratives
BP243, KIN XI
Université de Kinshasa

L'HARMATTAN CONGO
67, av. E. P. Lumumba
Bât. – Congo Pharmacie (Bib. Nat.)
BP2874 Brazzaville
harmattan.congo@yahoo.fr

L'HARMATTAN GUINÉE
Almamya Rue KA 028, en face du restaurant Le Cèdre
OKB agency BP 3470 Conakry
(00224) 60 20 85 08
harmattanguinee@yahoo.fr

L'HARMATTAN CAMEROUN
BP 11486
Face à la SNI, immeuble Don Bosco
Yaoundé
(00237) 99 76 61 66
harmattancam@yahoo.fr

L'HARMATTAN CÔTE D'IVOIRE
Résidence Karl / cité des arts
Abidjan-Cocody 03 BP 1588 Abidjan 03
(00225) 05 77 87 31
etien_nda@yahoo.fr

L'HARMATTAN MAURITANIE
Espace El Kettab du livre francophone
N° 472 avenue du Palais des Congrès
BP 316 Nouakchott
(00222) 63 25 980

L'HARMATTAN SÉNÉGAL
« Villa Rose », rue de Diourbel X G, Point E
BP 45034 Dakar FANN
(00221) 33 825 98 58 / 77 242 25 08
senharmattan@gmail.com

L'HARMATTAN TOGO
1771, Bd du 13 janvier
BP 414 Lomé
Tél : 00 228 2201792
gerry@taama.net

655687 - Mai 2016
Achevé d'imprimer par

1livre.com
du rêve à la réalité !